2-

UNE ÉTUDE DE
SALUT GALARNEAU !

DU MÊME AUTEUR

Rhétorique générale (en collaboration avec le Groupe μ), Paris, Larousse, coll. « Langue et Langage », 1970 ; rééd. Paris, Le Seuil, coll.« Points », 1982.

Style et Archaïsme dans La Légende d'Ulenspiegel *de Charles De Coster,* Bruxelles, Palais des Académies, 1973, 2 vol.

Rhétorique de la poésie : lecture linéaire, lecture tabulaire (en collaboration avec le Groupe μ), Bruxelles, Éditions Complexe, 1977 ; rééd. Paris, Le Seuil, coll. « Points », 1990.

Collages (en collaboration avec le Groupe μ), Paris, U.G.E., coll. « 10/18 », 1978.

A Semiotic Landscape. Panorama sémiotique. Actes du Premier Congrès de l'Association internationale de sémiotique (sous la direction de Umberto Eco, Seymour Chatman et Jean-Marie Klinkenberg), La Haye, Mouton, coll. « Approaches to Semiotics », 1979.

Rhétoriques. Sémiotiques (en collaboration avec le Groupe μ), Paris, U.G.E, coll. « 10/18 », 1979.

La littérature française de Belgique (avec Robert Frickx), Paris, Nathan, Bruxelles, Labor, 1980.

Langages et collectivités : le cas du Québec (en collaboration), Montréal, Leméac, 1981.

Trajectoires : littérature et institutions au Québec et en Belgique francophone (avec Lise Gauvin), Montréal, Presses de l'Université de Montréal, Bruxelles, Labor, 1985.

Charles De Coster, Bruxelles, Labor, 1985.

Adaptation française de *Le Signe. Introduction à un concept et à son histoire,* par Umberto Eco, Bruxelles, Labor, coll. « Média », 1988 ; rééd. Paris, coll. « Le livre de poche », 1992.

Raymond Queneau, André Blavier : lettres croisées (1949-1976), correspondance présentée et annotée par Jean-Marie Klinkenberg, Bruxelles, Labor, coll. « Archives du Futur », 1988.

Le Sens rhétorique. Essais de sémantique littéraire, Toronto, G.R.E.F., coll. « Theoria », Bruxelles, Les Éperonnniers, coll. « Sciences pour l'homme », 1990.

Écrivain cherche lecteur. L'écrivain francophone et ses publics (avec Lise Gauvin), Paris, Créaphis, Montréal, V.L.B., 1991.

Traité du signe visuel. Pour une rhétorique de l'image (en collaboration avec le Groupe μ), Paris, Le Seuil, coll. « La couleur des idées », 1992.

Coordination de *Espace Nord. L'Anthologie,* Bruxelles, Labor, coll. « Espace Nord », 1994.

Des langues romanes. Introduction aux études de linguistique romane, Louvain-la-Neuve, Duculot, coll. « Champs linguistiques », 1994.

Sept leçons de sémiotique et de rhétorique, Toronto, G.R.E.F., coll. « dont Actes », 1996.

Précis de sémiotique générale, Louvain-la-Neuve, De Boeck, 1996.

Les Études québécoises en Europe, Toronto, G.R.E.F., coll. « dont Actes », 1997.

Une langue, une communauté. Le français en Belgique (avec Daniel Blampain, André Goosse, Marc Wilmet), Louvain-la-Neuve, Duculot, 1997.

Jean-Marie Klinkenberg

UNE ÉTUDE DE SALUT GALARNEAU !

de Jacques Godbout

Collection dirigée par Lise Gauvin et Monique LaRue

Boréal

Les Éditions du Boréal remercient le Conseil des Arts du Canada et la SODEC pour leur soutien financier.

Conception graphique : Devant le jardin de Bertuch.

Illustration de la couverture : Colville, A. : *Vers l'île du Prince-Édouard* (# 14954) Détail © MBAC.

© Les Éditions du Boréal
Dépôt légal : 3ᵉ trimestre 1997
Bibliothèque nationale du Québec

Diffusion au Canada : Dimedia
Diffusion et distribution en Europe : Les Éditions du Seuil

Données de catalogage avant publication (Canada)
Klinkenberg, Jean-Marie, 1944-
    Salut Galarneau ! : une étude
    (Classiques québécois expliqués ; 4)
    Comprend des réf. bibliogr.
    ISBN 2-89052-838-3
    1. Godbout, Jacques, 1933- . Salut Galarneau ! 2. Godbout, Jacques, 1933- – Critique et interprétation.
    I. Titre. II. Collection.

PS8513.O26S23   1997   C843'.54   C97-940696-X
PS9513.O26S23   1997
PQ3919.2.G62S23   1997

ACCÈS À L'OEUVRE

Première partie

1	L'auteur
2	L'œuvre dans la littérature québécoise
3	Le contexte
4	La forme et le genre
5	Les seuils
6	À retenir

1 L'AUTEUR

Données biographiques
Un intellectuel critique

1933   Le 27 novembre, Jacques Godbout naît à Montréal. Son père est agronome au ministère de l'Agriculture.

1945   Études classiques au collège Jean-de-Brébeuf; études de lettres à l'Université de Montréal; diplôme de maîtrise en 1954, avec un mémoire sur Rimbaud.

1954 à 1957   Il touche au théâtre radiophonique. Mais c'est une carrière de coopérant et d'enseignant qui s'offre d'abord à lui : il enseigne le français et la philosophie à l'Université d'Addis-Abeba. Ce séjour laissera plusieurs traces dans son œuvre, notamment dans *L'Aquarium* (1962) et dans *Une histoire américaine* (1986).

1956   Godbout commence à publier de la poésie avec *Carton-pâte*, chez Seghers à Paris, *Les Pavés secs,* à Montréal chez Beauchemin, en 1958, et surtout *C'est la chaude loi des hommes,* à Montréal à l'Hexagone, en 1960. L'auteur reviendra brièvement à la poésie avec *Souvenirs shop* (Montréal, l'Hexagone, 1984); mais il s'agit ici plutôt de prose poétique, et le propos est largement autobiographique.

1958   Godbout travaille dans une agence de publicité. Il entre à l'Office national du film, d'abord en qualité d'adaptateur, puis comme scénariste et réalisateur. Mais Godbout est aussi homme d'action. En 1959, il fonde la revue *Liberté*, dont il prend la direction.

1962   Godbout fonde le Mouvement laïque de langue française. 1962 est aussi l'année de son premier roman, *L'Aquarium*. Publié aux éditions du Seuil, ce récit se passe en Afrique et s'inscrit dans la ligne du « nouveau roman ». L'époque de ce roman très remarqué est celle de la consécration pour le jeune Godbout : il reçoit ses premières distinctions pour des films, et son court métrage documentaire *Rose et Landry* remporte un certain succès. Il passe à la fiction pure en 1964, avec le film *Fabienne sans son Jules*.

1965   *Le Couteau sur la table*. Une histoire de rupture — dans la réalité canadienne : le héros est québécois et l'héroïne canadienne-anglaise. En 1966, premier long métrage de fiction, *YUL 871*, qui sera suivi de *Kid sentiment* en 1968.

1967   *Salut Galarneau !* remporte le prix du Gouverneur général et deviendra un classique de la littérature québécoise. Véritable touche-à-tout — il pratique aussi la peinture —, Godbout participe à la conception d'un pavillon thématique à l'Exposition universelle de Montréal.

1972-1978   Il fonde un comité d'écologie en 1973, préoccupation qui se traduira dans le roman *L'Isle au dragon* (1976). Il mène de front ses multiples carrières d'écrivain, de cinéaste, d'homme de radio, de dramaturge et de journaliste d'idées : en 1972, *D'amour, P.Q.*, roman qui remporte le prix Dupau de l'Académie française. *IXE-13*, long métrage de fiction (suivi de *La Gammick*, autre long métrage de fiction en 1974) ; en 1973, *L'Interview*, dramatique radiophonique, réalisée en collaboration avec P. Turgeon ; en 1975, *Le Bébé d'artifice*, une dramatique. Cette même année paraît *Le Réformiste*, sorte de bilan de l'état moral de la société québécoise. Ce recueil de *Textes tranquilles* provenant de *Parti pris* et de *Liberté* reprendra également son pamphlet de 1966, *Le Mouvement du 8 avril*, dans lequel Godbout dénonce notamment le cléricalisme québécois.

En 1977, il fonde l'Union des écrivains québécois. En 1973, Godbout reçoit le prix Duvernay pour l'ensemble de son œuvre et en 1978 le prix Belgique-Canada.

1979-1984 1979, *Deux épisodes dans la vie d'Hubert Aquin,* moyen métrage sur un des plus importants écrivains québécois ; 1981, *Les Têtes à Papineau,* roman-parabole sur la schizophrénie de la société québécoise ; 1984, *Le Murmure marchand.*

1985-1997 Comme on s'en doute, les deux carrières principales de Godbout ne sont pas menées indépendamment l'une de l'autre : en 1986 paraît *Une histoire américaine,* roman dont on peut dire qu'il fait suite à *Comme en Californie,* long métrage documentaire. *Alias Will James,* un autre long métrage, pose la question de l'américanité du Québécois. En 1987, ce sera *En dernier recours,* long métrage documentaire, en 1988, *Un cœur de rocker,* essai documentaire, et surtout, en 1991, *Le Mouton noir,* long métrage documentaire sur la situation morale et politique du Québec, mouton noir de la Confédération canadienne. Son dernier film à ce jour est *Le Sort de l'Amérique* (1996) ; il suit de peu le roman *Le Temps des Galarneau* (1993). Enfin, en 1997, Godbout publie un livre pour enfants, *Une leçon de chasse* (Boréal).

L'œuvre est donc dominée par la réflexion sur la société, réflexion qui s'exprime toujours en images ; comme pour le confirmer, en 1990 paraît *L'Écran du bonheur,* recueil d'articles sur les divers pouvoirs de la télévision. Ce recueil sera suivi par un autre : *L'Écrivain de province,* 1991, sorte de journal de bord.

Application

Analyse d'un passage
La télévision : un rapport d'amour-haine

Homme d'images, Godbout est fasciné par celles que produit notre civilisation, et singulièrement par celles que montre la télévision. Il y voit le plus important réservoir d'imaginaire qui soit à notre disposition, en même temps que la source des plus épouvantables tromperies dont nous ayons à souffrir. La meilleure et la pire des choses. Car contrairement à d'autres moyens de communication, la télévision et quelques autres médias ont le pouvoir de transformer la réalité, ou tout au moins la perception que nous avons de celle-ci.

Godbout entretient donc avec la télévision un rapport d'amour-haine bien exprimé dans l'essai *L'Écran du bonheur*. En effet, la télévision tout à la fois véhicule le mythe et produit la mystification. Or *le mythe constitue, la mystification tue. Le mythe enrichit, la mystification appauvrit. L'écran du bonheur est porteur de mythes et c'est certainement pour cette raison qu'il me sert si souvent de référence. Le même écran mystifie, et c'est pour cela qu'il provoque, chez moi toujours, l'indignation**. Présent dans l'œuvre critique de Godbout, le problème de la fabrication du monde par les médias est aussi constant dans son œuvre d'imagination. De *D'amour, P.Q.* aux *Têtes à Papineau* s'exprime bien la méfiance envers une société où rien ne vaut que par sa mise en évidence médiatique. Dans *Une histoire américaine,* il va jusqu'à suggérer que les intellectuels et les comédiens se valent bien.

Dans *Salut Galarneau !* la réflexion sur les médias — et singulièrement sur la télévision — occupe une place importante. Cette importance se

---

* *L'Écran du bonheur,* Montréal, Boréal, coll. « Papiers collés », 1990, p. 10.

12

manifeste à travers certains silences significatifs (c'est la figure que la rhétorique ancienne appelait prétérition : attirer l'attention sur une chose en affectant de ne pas en parler). Ainsi, lorsque François Galarneau rêve à ce que pourrait être un hôpital idéal et décrit tout son équipement, il a soin de ne ménager aucune place à la télévision. Et pour cause : il élimine même la musique, *parce qu'elle est toujours entrecoupée de slogans publicitaires** (p. 77).

Lorsque Galarneau se coupera du monde, dans la seconde partie du livre, le seul cordon ombilical qui le reliera à la société sera la télévision. Elle fait l'objet de tout le chapitre 26 (G).

— Qu'est-ce que vous dites ?

— Je ne suis rien d'autre qu'une modeste vadrouille, mais quand on me vaporise avec Endust, je deviens un aimant à poussière. Endust est un produit merveilleux qui emprisonne la poussière chargée de microbes et de pollen.

Avec la télécommande, je n'écoute plus que les messages publicitaires, je fais les listes de produits, que m'offrent les filles belles, toutes fraîches comme une pâte à tarte, croustillantes, sensuelles. Les émissions elles-mêmes ne me disent plus rien, les culturelles, les variétés, les reportages, tout est faux ; je sens bien que c'est du décor, de la distraction. Mais les annonces, elles, sont vraies et commencent de me mieux faire connaître ceux de l'autre côté du mur. Ce sont des gens propres, lessivés, à la recherche de toute tache, d'une pureté merveilleuse, de l'impeccable blancheur, de l'implacable purification. Ils sont comme Jean-Baptiste le Précurseur : ils se lavent tous les jours et se poussent dans l'eau du Jourdain.

— On vaporise, ça nettoie ; on essuie, ça brille.

---

* Nous citerons l'œuvre d'après l'édition de poche, dans la collection « Points » publiée par le Seuil, à Paris. La pagination indiquée est celle de cette édition. Les chapitres de *Salut Galarneau !* ne sont pas numérotés, mais introduits par une lettre, la séquence de ces lettres constituant l'expression répétée « AU ROI DU HOT DOG » (sur cette technique, voir p. 104). Lorsque nous aurons à renvoyer à un chapitre, nous le désignerons par son numéro d'ordre (il y en a vingt-huit), suivi entre parenthèses de la lettre à laquelle ce numéro correspond.

— Chef, j'ai le nouveau Vanish Spray, pas de retombées granuleuses, pas de rinçage, un seul coup et la saleté s'en va. L'ammoniaque D est puissante :

on vaporise, ça nettoie
on essuie, ça brille !

— J'aime te serrer dans mes bras
lorsque tu emploies l'Aqua-Velva
Oh ! tu es mon Casanova
quand tu emploies Aqua-Velva !

— Vous aurez une journée active ? Un seul désodorisant vous convient, le désodorisant Bleu Glacier, sa protection commence sur-le-champ, il vous laisse confiant toute la journée, lorsque vous êtes le plus actif, quand vous en avez le plus besoin, des heures d'affilée, jusque dans la soirée, rien ne protège comme le désodorisant Bleu Glacier, bâton ou aérosol…

Leur monde est désinfecté, merveilleusement propre. Quand je songe que j'ai vécu dans les taches de graisse, à porter des tabliers maculés ! Il y a tant de détersifs efficaces, on voudrait y plonger tête première.

— Regardez bien comment Crew dissout la crasse en exigeant moitié moins de travail qu'un abrasif ordinaire : il pénètre la saleté et la décolle sans frottage, enfin !

— Une cire à plancher si résistante que vous pouvez la laver au détergent sans enlever le brillant, c'est Bravo. Bravo est extraordinaire pour les cuisines où il y a beaucoup de va-et-vient

Car Bravo a neuf vies
Bravo au lustre durable
Mais attention
Tout le plaisir est pour les blondes
Soyez illuminés
On n'a qu'une vie à vivre : c'est en blonde qu'il faut la vivre !
Bravo a neuf vies
Mais la meilleure amie d'une blonde
C'est
Un Scottie doux comme un chat
joli comme une marguerite
fort comme Martyr

un Scottie résiste à l'eau
comme un martin-pêcheur, comme un cormoran blanc
qui sort un par un ou plusieurs à la fois
pour plonger
le long des premiers bas de nylon diaphanes
qui ne demandent pas de petits soins
de petits pieds, de petits attouchements
le bas Fascination est garanti
21 jours d'affilée sans échelles
Au restaurant
assises sur mon mur, toutes belles
avec ce bas dont ils ont raccourci
la bande du haut
pour donner de longues jambes
à toute occasion jolies, confortables
Mon fils résiste à tout lavage
Mais ils y ont mis du tigre
et de l'éléphant blanc
dans Tide, quelle différence !
Confiez le linge bien sale à Tide
Le nouveau détersif survolté
Si vous consacrez la moitié de votre vie à nettoyer
Monsieur Net est là
Et ça se voit !
Vive l'armée !
L'armée des cristaux actifs
les sert à plat ventre
Et tous les gens actifs
les gens alertes, les gens heureux
les gens relaxés
les grands chefs
les téméraires
qui avalent des ingrédients médicamenteux
pour avoir l'intérieur
le dedans
propre et luisant comme une carrosserie

de chez General Motors
sans pellicules sur les épaules
comme le père Tanguay
Mon professeur de Belles-Lettres
qui s'entêtait contre ses pellicules
s'il avait connu Head'n Shoulder
Mon loup
Tu peux trouver la joie
même si tu portes de fausses dents
parce que tu ne connaissais pas Crest
qui prend bien soin des dents (de 21 % à 49 %)
au fluoristan
au cabestan
au firmament
la pomme d'Ève, la pomme d'Adam
le péché innocent comme
une tablette de chocolat
où chaque bouchée dégorge un riche caramel
coulant
d'une douceur et d'un velouté sans pareil
Cadbury
des dents blanches, des vêtements propres
une peau sans odeur
des mains douces et belles, éblouissantes
un corps pur
une vie Immaculée-Conception

Je ne vois pas pourquoi
je resterais
derrière les quatre murs de mon jardin
Ces gens ont ardent besoin que je salisse
leurs antisepsies !

Me revoilà *boy scout*, stie, comme Jacques l'était quand j'avais dix-sept ans et lui vingt, quand nous voulions transformer les choses, croyant que justice et vérité seraient nos jambes, ça m'a repris. Je vais être *constructif.*

Je vais me fabriquer une lectrice idéale, une fille comme dans la publicité, avec des yeux marron et des seins gros comme son nez ; elle sera mon confessionnal, mon psychanalyste, ma silencieuse, ma dévoreuse, je lui apprendrai la saleté. Elle boira mes mots comme si c'était du Pepsi glacé, elle sourira, deviendra généreuse comme un enfant de cinq ans. Ils m'ont parti dans l'écriture, comme un sacrement de hors-bord aux régates ? je vais les éclabousser ! (p. 143-147).

Dans ce passage, on observe une véritable inversion de valeurs, qui choque assurément le bon sens. D'une part, François déclare faux tout ce qui dans les messages télévisés est réputé renvoyer au réel — les reportages étant le meilleur exemple de cette télévision-réalité —, tandis que les annonces commerciales sont décrétées vraies, parce qu'elles permettent une meilleure connaissance du monde.

On peut donner deux interprétations de cette inversion : soit Galarneau est tombé dans le piège de la société de consommation, soit, par une sorte de contraste, les annonces commerciales lui permettraient de mieux saisir le jeu des forces qui animent la société.

La première interprétation est peu satisfaisante. Car pourquoi serait-ce au moment où François prend la décision de s'éloigner du monde qu'il deviendrait le plus sensible à la voix de ce monde ?

Il faut donc opter pour la seconde interprétation. Selon celle-ci, ce qui compte aux yeux de François, c'est la quête qui anime la publicité, les espoirs dont elle se nourrit. La publicité est le révélateur de certains besoins. Que les produits qu'elle vante puissent ou non satisfaire ces besoins est un autre problème.

Or, observons les publicités que François reproduit dans son journal. Tout y va dans le même sens : à côté de réclames pour de la cire, du papier ménager, des bas, des voitures, des tablettes de chocolat, on a surtout des produits qui font disparaître l'impureté, tant dans l'environnement ménager que sur l'individu. D'un côté une vadrouille, un autonettoyant, trois détersifs, un abrasif : de quoi mettre de l'ordre dans le monde ; de l'autre une eau de toilette, un désodorisant corporel, un produit antipelliculaire, un dentifrice : de quoi mettre une certaine harmonie en soi, ou au moins produire une illusion d'harmonie.

La publicité met donc en scène un être humain en quête d'ordre et de purification. De ce point de vue, la présence dans le passage d'allusions à des faits et à des personnages religieux reliés au thème de la pureté est significatif : cela va du mythe du paradis terrestre à celui de l'Immaculée Conception, en passant par la figure de saint Jean Baptiste (*Ils se lavent tous les jours et se poussent dans l'eau du Jourdain*, p. 143).

Le petit écran offre donc une voie vers l'ordre et la pureté. Mais ce n'est pas celle que désire emprunter Galarneau. Tout d'abord, cette pureté-là est cruelle (*implacable purification*, p. 143). Et la présence de la thématique religieuse, renforcée encore par celle d'un prêtre, l'affecte du signe négatif dont est revêtu tout ce qui est religieux sous la plume de François.

Cette pureté-là fonctionne donc comme un repoussoir.

D'ailleurs, la longue litanie débouche sur une décision capitale pour François : franchir le mur derrière lequel il s'était retranché. C'est que lui aussi a un message à clamer. Un message qui va en sens inverse de celui de la publicité : *Ces gens ont un ardent besoin que je salisse / leurs antisepsies* (p. 147). En opposant la salissure — une salissure bénéfique — à la pureté, Galarneau prend le contre-pied du discours publicitaire. Et ceci est rendu plus sensible encore par le fait que sa déclaration est rédigée dans la forme même de ce discours : elle est découpée en vers libres. Les médias sont donc, dans l'évolution de Galarneau, un facteur de crise, au sens médical du terme : la crise n'est-elle pas le moment d'une maladie où survient un changement brutal et décisif, en bien ou en mal ?

La deuxième interprétation doit-elle totalement éliminer la première ? Si la publicité est « vraie », c'est sans doute parce qu'elle est efficace : elle fait vendre. Ce qui est tout de même important pour un petit commerçant… Et de ce point de vue, tout ce qui entoure la publicité n'est que remplissage, distraction. D'ailleurs Godbout n'adopte-t-il pas lui-même une attitude ambivalente à l'égard du discours télévisuel ? Celui-ci mystifie, certes, mais il contribue aussi à élaborer les mythes qui nous servent à vivre aujourd'hui. De plus, la publicité est proche de la poésie. *De nombreux grands créateurs sont des publicitaires. Parler d'une chose de manière métaphorique, c'est faire de la littérature, et le publicitaire parle d'objets de façon métaphorique. Donc il n'y a aucune différence fondamentale entre un écrivain et un publicitaire. La publicité est la forme dominante de la littérature**. Ainsi, le même média véhicule indissociablement le pire et le meilleur, le convenu et le créé. Comme Godbout, François Galarneau — qui est écrivain — est fasciné par ce qui façonne la culture populaire d'aujourd'hui.

Il y a également dans ce passage un embryon d'analyse sociologique et stylistique du discours audiovisuel et publicitaire, tous genres auxquels Godbout s'est frotté pour des raisons professionnelles.

Analyse sociologique. Peu à peu, à force de grignoter sur le programme, l'espace publicitaire devient le seul objet du message télévisuel. Comme pour signifier ceci, les publicités occupent la quasi-totalité du chapitre.

Analyse stylistique. On sera à cet égard sensible à la construction du passage. Si les premières citations de spots publicitaires sont bien détachées l'une de l'autre, il n'en va plus de même pour les suivantes : on passe insensiblement de l'une à l'autre.

Les techniques qui autorisent ces passages progressifs sont fort variables, mais elles reposent toutes sur une constante : les slogans se suivent en phrases brèves, sans ponctuation pour les séparer. Il s'agit :

— de phrases qui peuvent indifféremment se rapporter au produit qui vient d'être mentionné ou à celui qui va l'être. Exemple : Tide est *le nouveau détersif survolté.* La phrase *Si vous consacrez la moitié de votre vie à*

---

* Entrevue avec Donald Smith dans *Lettres québécoises,* n° 25, 1982, p. 53.

nettoyer pourrait très bien se rapporter à cet énoncé qui la précède. Mais non : on s'avise qu'elle introduit la phrase suivante : *Monsieur Net est là* (p. 145) ;

— de propos vagues, qui peuvent s'appliquer à l'un ou l'autre produit. Exemple : Bravo semble d'abord être une cire, mais, quelques lignes plus loin, le lecteur se dit que le nom pourrait renvoyer à une teinture pour cheveux (p. 144-145) ;

— de comparaisons. Exemple : on nous dit d'abord que *Scottie résiste à l'eau*, et l'on précise *comme un martin-pêcheur, comme un cormoran blanc*. Ce sont là, en effet, des oiseaux plongeurs. Et de fait, on nous les présente — en un rapport cette fois métonymique — plongeant *le long des premiers bas de nylon diaphanes / qui ne demandent pas de petits soins* (p. 145) : sans s'en rendre compte, on est donc passé à un autre produit radicalement différent ;

— de rimes. Exemple : *au firmament* vient à la suite de la séquence, sans grande signification, qui a permis d'enchaîner *au fluoristan / au cabestan / au firmament* (le fantaisiste *fluoristan* étant le composant supposé d'un dentifrice) ; mais *firmament* permet à son tour de passer à Ève et Adam, et, de là, au péché innocent qu'est une tablette de chocolat (p. 146).

Avec toutes ces techniques, Godbout mime les mécanismes du discours publicitaire. Celui-ci, en effet, ne se soucie pas d'enchaînements logiques. Pas de démonstration, pas d'appel à l'intelligence chez lui. Sa seule préoccupation est d'assener des noms de produits, et de les associer globalement à des qualités positives. Une jolie formule ou une simple consonance entre deux mots lui sert donc de preuve.

Le discours audiovisuel se caractérise en outre par son aspect massivement répétitif, et sa présence envahissante, voire par sa totale absence de sens. Il a *comme première matière le bruit**. Caractéristique que reproduit le passage, avec sa structure découpée.

---

* *L'Écran du bonheur*, p. 20

On pourra compléter cette étude en se référant aux passages ayant trait à la consommation et aux médias dans les textes suivants de Godbout : *Le Murmure marchand* (p. 18-19, 26-27, 44), *Le Réformiste* (p. 105, 130), *Les Têtes à Papineau* (p. 46-48), *Une histoire américaine* (p. 22-23, 45). Rapprochez-les du passage commenté.

L'OEUVRE DANS LA LITTÉRATURE QUÉBÉCOISE

Une littérature autonome ?

Au milieu de ce siècle, la littérature que l'on appelait jusque-là canadienne-française était entrée dans l'ère de la maturité et de la modernité.

Dans les années soixante, elle accède à l'autonomie. Cette décennie, en effet, ne voit pas que des bouleversements politiques et sociaux. Elle voit aussi l'avènement d'une littérature originale, et se voulant véritablement québécoise. Québécoise, elle le sera sur les plans thématique, stylistique et institutionnel.

Sur le plan thématique : une ère de ruptures

En disant que la littérature se veut québécoise sur le plan thématique, on ne veut pas signifier qu'elle emprunte à présent ses thèmes à l'environnement de ses auteurs. Cela, elle le faisait depuis longtemps, et notamment dans le cadre d'une littérature régionaliste. On veut dire qu'elle enregistre, comme un sismographe, toutes les ruptures que la société québécoise vit alors : rupture avec l'ordre dominant, que celui-ci soit religieux ou politique, ruptures culturelles, sociales et politiques… (Voir la deuxième partie, « Les thèmes et les motifs ».)

Sur le plan stylistique : l'avènement de l'oralité

Sur le plan stylistique, la décennie voit l'avènement d'une langue qui entend rompre avec les modèles français. Dans un article célèbre intitulé « Écrire », et publié dans la revue *Liberté,* Godbout exprime bien cette rupture : *Le* TEXTE NATIONAL *exige une recherche formelle dont le principal objectif est l'invention d'une langue littéraire qui corresponde à l'originalité du modèle national*[*].

Dès lors, nombre d'écrivains de la période feront usage dans leurs textes de traits linguistiques spécifiquement québécois. Et cela non pour se complaire dans l'autosatisfaction nombriliste, mais pour relayer par l'écriture leur révolte contre une société qui aliène la collectivité à laquelle ils appartiennent. De là la vague d'une écriture « joualisante » : il s'agit de mettre en scène l'impact linguistique de la colonisation anglo-américaine. Les écrivains de l'époque se serviront donc abondamment des ressources du langage oral spontané, et mettront de préférence cette parlure sur les lèvres de personnages populaires. Cette rupture linguistique sera bien évidemment accompagnée d'autres innovations formelles et stylistiques.

Sur le plan institutionnel : le « texte national »

Sur le plan institutionnel prévaut à cette époque le concept de « texte national ». On veut dire par là que chaque texte littéraire produit au Québec, bien qu'il soit le fait d'un auteur qui possède sa personnalité propre, n'est qu'une composante d'un vaste discours exprimant les besoins et les aspirations de la collectivité québécoise.

Dans le même article de *Liberté,* le futur fondateur de l'Union des écrivains québécois définit le « texte national » :

Ce que tout jeune écrivain québécois devrait savoir, c'est qu'il n'échappera pas au chantage du Pays, car justement il découvrira, ayant perdu sa virginité, que ce n'est pas lui qui écrit ses livres (qu'il signe), et qu'il n'y a au Québec qu'un seul Écrivain : NOUS TOUS […] Un écrivain ne peut chercher à exister en dehors du texte québécois, il lui faut participer à l'entreprise collective, autrement c'est le néant.

« Écrire », dans *Le Réformiste,* p. 198-199.

---

[*] Repris dans *Le Réformiste,* Montréal, Boréal, coll. « Papiers collés », 1994, p. 207.

On le devine au ton utilisé : selon Godbout, il ne s'agit pas pour l'écrivain de s'enrôler au service d'une littérature militante, et de formuler en termes littéraires des idées collectives et toutes faites. Ici comme ailleurs, l'auteur est à la fois engagé (en 1961, il en avait appelé à une mobilisation générale des littéraires, des scientifiques, des étudiants et des ouvriers) et sceptique. Et ce qu'il énonce, c'est une loi sociologique autant qu'un projet. Peu importe ce que l'individu décide et prétend faire : ce sont les lecteurs qui donnent un sens aux textes, et ils le font collectivement.

Et de fait, à l'époque, s'installe l'habitude de lire les textes comme constituants d'une littérature québécoise. La critique se donne alors fréquemment comme tâche non de lire ou de faire lire une œuvre pour des raisons esthétiques ou pour sa valeur universelle, mais d'indiquer en quoi cette œuvre constitue un fragment du « texte national ». Et pour cela, il arrivera qu'elle n'hésite pas à solliciter l'œuvre…

Salut Galarneau ! : un classique des lettres québécoises

Aux trois points de vue qu'on vient d'énumérer, on peut dire que *Salut Galarneau !* s'inscrit bien dans la littérature de son époque, à laquelle il donne une impulsion vigoureuse. Ce roman a fortement marqué les imaginations, au point qu'on a pu en faire une des œuvres fondatrices de la littérature québécoise contemporaine.

Sur le plan thématique, *Salut Galarneau !* s'ancre dans la réalité québécoise. Mais cela n'est rien : c'est sans doute par ses manières de dire les ruptures que le texte s'inscrit le mieux dans la littérature québécoise de son époque. Le roman porte en effet la trace du refus le plus énergique de la société québécoise traditionnelle que l'on puisse exprimer : celui du cléricalisme.

Mais il y a plus : *Salut Galarneau !,* que l'on a souvent décrit comme un roman optimiste, est d'abord le récit d'une série de ruptures. Ruptures familiales d'abord. (La vie de François Galarneau ne commencera qu'avec la mort de son père, et avec l'éloignement de sa mère ; rupture aussi de

François avec ses frères Jacques et Arthur, incarnant l'un et l'autre deux Québec qu'il refuse : celui de la réussite économique qu'on n'obtient qu'en se prostituant, et celui de la réussite symbolique, qu'on obtient en restant dans le giron de l'Église.) Rupture aussi entre François et les deux femmes qu'il a aimées, Louise et Marise. Faut-il, alors, s'étonner que sa destinée le mène jusqu'à une forme radicale de rupture : s'enfermer derrière un mur jusqu'à la fin de ses jours ?

Sur le plan linguistique, le roman multiplie les marques de sa québécité. On a même pu y voir une entreprise de légitimation d'un niveau de langue vulgaire. Il faut aussi souligner le rôle que l'oralité joue dans le roman. (Voir la deuxième partie, « L'écriture ».)

L'innovation est également dans les formes : on verra que *Salut Galarneau!* est un roman collage. (Voir la deuxième partie, « La structure et la composition » et « L'écriture ».)

Enfin — et c'est l'aspect institutionnel de la question —, *Salut Galarneau!* a obtenu un succès foudroyant et durable, notamment parce que le lecteur a mis son contenu en rapport avec l'évolution de la société québécoise. L'auteur émet en tout cas cette hypothèse : selon lui, l'accueil chaleureux réservé au roman s'explique peut-être parce qu'il *correspondait aux désirs qu'avaient les Québécois d'avoir une histoire heureuse, positive, qui réponde à leur appétit de vie, et non pas à leur appétit de destruction et d'autodestruction.* Ce qui est certain, c'est que *Salut Galarneau!* rompt avec une littérature du refus de soi.

Le roman dans son temps

Il y a peu d'œuvres qui soient, plus que celle de Jacques Godbout, chevillées à l'actualité culturelle, sociale et politique. Au point que certains affirment que Godbout est plus essayiste, ou journaliste, que romancier. Il est bien vrai que si ses romans sont autant de récits bien enlevés, chacun peut être lu comme une parabole.

Prenant le risque de voir ses textes vieillir précocement, l'auteur a pris le parti d'y semer nombre d'allusions à des événements historiques, et de ne pas lésiner sur les noms propres, et sur les noms de lieux ou de produits commerciaux. Qui plus est, ces allusions sont toujours résolument contemporaines du moment de la rédaction : *Salut Galarneau !* est publié en 1967, et les événements qu'il rapporte sont censés s'être produits à la même époque. Par exemple, dès le deuxième chapitre (U, p. 24), il est fait allusion à l'histoire la plus contemporaine du Québec : on y cite le nom du leader politique Daniel Johnson, élu premier ministre après la défaite du Parti libéral en 1966.

Le jeune lecteur de la fin du XXe siècle devra donc, pour lire le texte adéquatement, faire un certain effort afin de situer *Salut Galarneau !* dans son temps. Nous lui fournirons ici trois pistes, soit un bref état du monde occidental, du Québec et du monde de l'art au moment où se passe l'action du roman. Dans chacun des cas, seront privilégiés les faits auxquels le texte fait directement ou indirectement référence. Mais il ne saurait être question d'élucider toutes les allusions qu'il contient.

Le monde occidental : les « Golden Sixties »

Les années soixante sont, pour le monde développé, une ère de grande prospérité. Tandis qu'en Europe occidentale, les séquelles économiques de la Seconde Guerre mondiale s'effacent, le nord du continent américain poursuit sur sa lancée. Ce sont les fameuses « Golden Sixties ». Partout, c'est le plein emploi, et une certaine prospérité se généralise. De nouvelles couches de population arrivent sur le marché des études et sur celui de l'emploi : la génération de ceux qui sont nés immédiatement après la guerre (le baby-boom), groupe que l'essayiste québécois François Ricard baptisera la « génération lyrique ».

Tout ceci engendre un certain optimisme, qui transpire dans l'univers de Galarneau. Le bonheur est dans la consommation. Il est aussi promis par le spectaculaire développement technologique : en 1967, François se demande qui des Russes ou des Américains arrivera le premier sur la Lune (en 1966, le *Luna IX* soviétique s'y était posé, mais le *Surveyor* étatsunien en avait pris de précieuses photos… Suspense donc. Réponse en 1969, avec Neil Armstrong). Sur le plan idéologique, la décennie est animée par l'utopie : partout, l'idée de progrès continuel — quel que soit le contenu qu'on donne à ce concept — suscite des engagements dans un temps historique.

Galarneau vit donc dans une ère et une société prospères ; on se rue avec joie et frénésie sur la consommation. Ce que fera aussi François. Mais, à l'instar de celui-ci, la société vit ses privilèges avec mauvaise conscience. À sa manière, Galarneau est donc bien un baby-boomer qui annonce les crises de la fin de la décennie (comme le fameux mai 68 en France).

Et il y a de quoi avoir mauvaise conscience. C'est que tout le monde ne participe pas de la même manière à la prospérité et à la liberté. Cela est particulièrement vrai dans les pays pauvres, mais ce l'est aussi dans les pays développés. En pleine mutation, le monde vit ainsi des convulsions que l'efflorescence des utopies généreuses rend plus cruelles encore. Par exemple — séquelles de la décolonisation —, le Congo ex-belge connaît des troubles sanglants en 1964 : affrontements entre forces gouvernementales et rebelles, avec prises d'otages et massacres. Aux États-Unis, le droit de vote pour les Noirs est obtenu en 1965, à la suite de manifestations et d'incidents divers (dont l'assassinat du militant Malcolm X) : un peu partout, mais notamment à Los Angeles et à Chicago, la télévision montre des flambées de violence. Pendant ce temps, les États-Unis s'engagent de plus en plus dans la guerre du Viêt-nam : en 1966, ils ont un quart de million d'hommes sur place. *Salut Galarneau!* fait allusion à ces faits précis.

Le Québec : après la Révolution tranquille

Salut Galarneau! est un ouvrage qui porte aussi de nombreuses marques de sa québécité. Il témoigne dès lors, on s'y attend, des mutations que le Québec a connues dans les années soixante. Mais celles-ci ne sont pas toutes décrites par le menu, sans doute parce que l'histoire du Québec est supposée connue du public auquel l'ouvrage s'adresse.

On y retrouve, pêle-mêle, la haine contre l'Anglais (*Je ne suis pas séparatiste, mais si je pouvais leur rentrer dans le corps aux Anglais avec mes saucisses, ça me soulagerait d'autant,* p. 120) ou contre le clergé (*Je n'ai pas digéré les Anglais ni les curés,* p. 74). On y fait allusion à la période de la « grande noirceur » (*La grand-mère court au mât du jardin et hisse la fleur de lys, le drapeau à Duplessis, le drapeau du pays,* p. 79-80), et même, sous forme imagée, aux éternels déchirements entre le pouvoir provincial et le pouvoir fédéral (*J'ai pourtant un bon avocat, qui passe ses mois dans le train entre Ottawa et Montréal pour débobiner l'écheveau des séparations, des adultères, des pensions alimentaires, des complots avec photos,* p. 82).

Et le roman est branché sur l'actualité la plus contemporaine. Dans le passage ci-dessus, Galarneau cite le nom de Daniel Johnson, et celui de Jean Lesage, dont le gouvernement déclencha en 1960 le puissant mouvement de modernisation du Québec que l'on a appelé « Révolution tranquille ». Certes, le roman ne parle pas encore de peuple québécois : Galarneau dit *nous, Canadiens français* (p. 119 : ironie de Godbout ?). À ce moment, René Lévesque, que Galarneau cite aussi aux pages 119-120, n'est encore qu'un ancien ministre libéral : il fonde le Mouvement souveraineté-association en 1967 et le Parti québécois en 1968. Et le programme n'est encore que *reconquérir notre pays par l'économie* (p. 119). Mais François adopte déjà le discours décolonisateur qui se fera entendre par la suite (p. 59, il parle du pharmacien de son coin comme d'un *colonisé,* parce qu'il appelle son commerce Hénault's Drugstore).

L'ouvrage insiste beaucoup sur une mutation importante survenue à la société québécoise de l'après-guerre : celle de l'instruction. La faible légitimité de la collectivité francophone du Canada aux XIXe et XXe siècles est en effet liée à son bas niveau de scolarisation, aggravée par le décrochage scolaire systématique dans les dernières années du cours primaire. Cette situation prévaudra jusque dans l'après-guerre 40-45 : on peut affirmer, de manière cruelle, que la population québécoise d'avant 1960 n'apprenait qu'à lire, à écrire et à compter avant de quitter l'école. Mais si l'instruction est en principe libératrice (p. 25 ; *Je me dégrossis,* dit Jacques p. 17), celle qui a jusque-là été donnée au Québec est exclusivement orientée par le pouvoir religieux. De sorte que la libération par l'instruction est ambiguë (on est *des laveurs de carreaux instruits,* p. 42), et qu'un choc se produira entre le monde de l'éducation traditionnelle et celui de la société moderne, qui se laïcise.

L'art. L'ère des ruptures

Enfin, l'univers culturel des années soixante est marqué par diverses ruptures. Le mouvement était en marche depuis les années cinquante : en utilisant dans ses œuvres des postes de radio diffusant des émissions au hasard, le compositeur américain John Cage visait « un art qui ne soit pas différent de la vie, mais une action dans la vie ». Cette sensibilité aboutit aux « happenings ». Dans ces spectacles, on abolira la différence entre l'acteur et le spectateur : l'un et l'autre participent également à ce qui se passe. De même, la différence entre l'espace scénique et l'espace de la vie est annulée. Cette sensibilité donnera aussi les « performances », séances où les plasticiens luttent littéralement au corps à corps avec leurs toiles et leurs couleurs. Cet art d'action dans la vie débouchera aussi sur le « vécrire » de François Galarneau.

C'est l'époque de la contestation de l'art ou en tout cas des règles sur la base desquelles il fonctionnait jusque-là.

Ces codes faisaient reposer l'art sur une série de distinctions bien stables. Et voici que ces frontières et ces références sont subverties. De même que les arts cinétiques — illustrés autant par les mobiles de Calder que par les vibrations optiques de l'« op art » d'un Vasarely — avaient ôté à l'œuvre d'art son caractère statique et achevé, la « performance » ébranle la frontière entre l'œuvre terminée et l'acte qui la fait ; le « happening » gomme la distinction entre l'acteur et le spectateur autant qu'entre ce dernier et l'auteur ; le « land-art » biffe la distinction entre la nature et la culture ; le « pop art », auquel on reviendra, réconcilie l'artiste créateur se donnant des allures de démiurge et l'artisan tout juste capable d'appliquer des recettes, la culture dite de masse et la culture élitiste. Et il le fait en recourant à un bric-à-brac de matériaux réputés vulgaires, ces matériaux qu'offre alors la société d'abondance en plein développement.

En contestant toutes ces frontières, l'art montre ce qu'il est : une pratique qui mobilise non pas l'inspiration, mais une série de techniques. L'artiste cesse d'être une espèce de dieu pour devenir un être comme tout le monde. Tous les arts se préoccuperont donc de montrer comment l'œuvre est fabriquée. C'est particulièrement le cas avec l'architecture et avec le design, mais on le vérifiera aussi avec le roman. Certains d'entre eux exhibent le travail d'écriture qui les a produits, et que l'auteur tient en général caché ; d'autres montrent crûment qu'ils sont faits de bribes de textes qui existaient avant que l'auteur ne les rassemble.

Salut Galarneau! porte la trace de tous ces tournants : l'existence de François démontre qu'un écrivain est monsieur Tout-le-Monde, le livre montre comment l'on fabrique un livre, et même qu'il est fait de multiples citations rapiécées.

Application

Je pense qu'il n'y a rien de plus beau qu'une salle de bains jaune vif avec un rideau de douche orange, des carreaux de céramique jusqu'au plafond, une toilette Crane, la plus basse, la Royale, un lavabo Impérial avec trois chantepleures chromées, la baignoire à ras du sol comme une piscine de motel, des serviettes-éponges mauves, épaisses comme plumes de poule, des chandeliers de cuivre, des prises de courant discrètes pour le rasoir électrique, des lampes à ultra-violet pour brunir le dos, chauffer les pieds. Il n'y a rien de plus beau qu'une belle salle de bains dans une belle maison dans une belle rue. Seulement c'est de se la payer et puis, surtout, c'est la façon de s'en servir qui m'écœure. Tu tournes en rond, garçon, dans le sens des aiguilles. Tu vieillis, tu pourris, tu… fumier ! (p. 74-75).

Ce passage porte témoignage de certains idéaux de la décennie 1960, dominée par l'idée de consommation. Le Québec — comme tous les autres pays occidentaux, mais en un choc plus brutal peut-être — découvre le confort, générateur de plaisir, et ne fait plus de ce dernier une occasion de péché.

L'objet choisi pour symboliser la victoire de la modernité contre le passé est assurément symbolique : la salle de bains. Historiquement, on sait que la salle de bains n'a pu être inventée que dans une société de surplus. Elle apparaît quand se laver n'est plus seulement un acte d'hygiène, mais une manière de prêter attention à son apparence extérieure ; donc un acte narcissique.

Au début, toutefois, la salle de bains se veut fonctionnelle. Sa couleur est le blanc, et ses accessoires sont réduits au minimum.

Le blanc est traditionnellement associé à l'idée de propreté. Ce fut d'ailleurs longtemps la couleur principale de lieux comme les cabinets de toilette et la cuisine ; ce fut aussi celle des appareils ménagers qui ont pour fonction de laver, de préparer les aliments ou de les conserver. Mais le blanc est aussi la couleur du froid. Et, s'il est couleur de l'hygiène, c'est aussi parce qu'il est celle de la stérilité. Il fait ainsi partie d'un ensemble puritain de couleurs, qui marque tous les objets de la vie quotidienne jusque dans la seconde moitié du XXe siècle : un ensemble où le blanc se conjugue au noir des vêtements et de certains objets utilitaires (téléphones, machines à écrire, stylos…) et aux divers gris.

L'avènement d'une civilisation qui refuse de condamner le plaisir coïncide avec l'introduction de la couleur dans l'environnement ménager. Cela se fait progressivement, grâce à des couleurs pastel (le rose et le bleu tendre sont alors les couleurs types de la salle de bains). Puis, au cours des Golden Sixties, les couleurs franches déferlent : signe de bonne santé, de chaleur, donc de joie, d'énergie, de prospérité. Pour affirmer leur présence avec plus de force encore, ces couleurs très saturées n'hésitent pas à s'allier de manière criarde. D'où la présence, dans la salle de bains idéale de Galarneau, du jaune vif (une couleur exceptionnelle, tout de même, pour une baignoire…) et de l'orange (dernière couleur à la mode avant le choc pétrolier de 1973 et la crise qui s'ensuivit…), voisinant avec le mauve !

De lieu intime et fonctionnel qu'elle était, la salle de bains devient une pièce où les signes du confort et de la gratuité se multiplient. Confort : celui-ci est représenté par la multiplication des textiles, nécessaires pour contrer la froideur des matériaux des appareils sanitaires (ici : les serviettes-éponges) et par la production d'une chaleur sèche, contrant celle de l'eau (ici : la lampe à rayons ultra-violets). Gratuité : on y introduit la notion de marque, comme pour les voitures ou pour le mobilier des pièces où les visiteurs peuvent pénétrer. Cette socialisation de la salle de bains est aussi signifiée par la présence de chandeliers et par la discrétion des prises de courant. Le sommet de la gratuité — la dépense pour la dépense — est sans doute atteint avec la présence de trois robinets : pourquoi trois ?

Ce confort est assurément neuf pour Galarneau comme pour nombre de ses contemporains. D'où son expression presque brutale : sans nuance et superlative. À l'image des couleurs, ses mots sont francs et simples : *beau,* décliné à quatre reprises. La seule précision sera apportée dans la répétition, presque compulsive : *Il n'y a rien de plus beau qu'une belle salle de bains dans une belle maison dans une belle rue.*

Le passage se clôt sur une ambiguïté typiquement godboutienne : c'est au moment même où son héros *voit que cela était bon* qu'il voit aussi que cela est pervers.

Dans les dernières phrases, le confort se voit donc affecté de signes négatifs. Rapide, la transition est néanmoins progressive et subtile : les connotations négatives sont d'abord introduites par une phrase qui fait pleinement partie du discours du consommateur *Seulement c'est de se la payer* : rien là-dedans qui contredise ce qui précède. Mais le discours a pivoté : et l'on peut maintenant critiquer le confort. Mais on ne le fait pas tout de suite. La première critique est vague : *la façon de s'en servir.*

Une telle formule pourrait être strictement matérielle et technique : s'agit-il de ne pas trop éclabousser, ou de ne pas consommer trop d'eau ? On voit vite, grâce à ce qui suit, qu'il faut prendre *se servir* dans un sens moral. Se laisser aller au rêve de la société de consommation, c'est tourner en rond. Donc ne pas aller de l'avant. Donc ne pas vivre, ce que Galarneau est en train d'essayer de faire. Ne pas vivre, donc mourir.

Et le passage s'achève avec les mots *pourrir* et *fumier* : on est loin de l'hygiène…

Recherches

•   La salle de bains est présente dans nombre d'œuvres picturales relevant du pop art (par exemple chez Tom Wesselmann, Roy Lichtenstein, Erró, David Hockney, Hans Peter Alvermann). Recherchez ces œuvres dans des livres d'art. Comparez le traitement que les artistes ont réservé à ce thème et celui que Godbout lui a réservé. Le travail peut se poursuivre avec l'examen d'autres œuvres des artistes de ce courant.

- Comparez les salles de bains de Godbout et de Jean-Philippe Toussaint (*La Salle de bains,* Paris, Minuit, 1985).

- Recherchez les noms de couleurs dans le roman, et discutez de leur possible signification.

Présentation générale de *Salut Galarneau !*

François Galarneau est un jeune Québécois moyen, le cadet de trois frères. Il vit dans la banlieue de Montréal. Son père meurt alors qu'il est encore aux études. Ces études, il les abandonne aussitôt : il n'en a pas le goût.

François prend la route, et échoue à Lévis, où il devient vendeur. Il est amené à se marier avec la fille de son patron, qu'il croit enceinte, et commence une « carrière » dans la restauration rapide. Le mariage ne tient que peu de temps : sa jeune femme, Louise Gagnon, lui avait menti sur son état.

Déprimé, François Galarneau s'enfuit. Il ouvre une baraque à frites et à hot dogs sur l'île Perrot. Il fait la connaissance de Marise, avec qui il se met en ménage. La profession de François aiguise chez lui des talents d'observateur : il se voit même volontiers en ethnologue. Poussé par Marise, et encouragé par son frère Jacques, François décide d'aller au-delà de simples notes griffonnées, et se met à écrire. Au début, il se demande bien quelle peut être l'utilité d'écrire, en dehors de la publicité que cela peut lui apporter. Mais, peu à peu, l'écriture devient pour lui un besoin, qui lui fait négliger son travail et sa compagne. Celle-ci s'éloigne de lui et, à la suite d'un petit accident de la route, se jette dans les bras de Jacques, avec qui elle avait sympathisé.

François s'enfonce plus encore dans l'écriture, et décide de se couper d'un monde décidément trop douloureux. Il fait bâtir un haut mur qui isole totalement sa maison, où il attend sa fin. Mais cette retraite, affinant sa pensée, lui fait comprendre que l'opposition qu'il croyait voir entre la vie et l'écriture est vaine : on peut les concilier. Opérer cette synthèse, c'est *vécrire*. François franchit dès lors son mur pour offrir son texte au monde.

Le résumé qui précède est simplificateur, et même trompeur.

Tout d'abord, il a réuni en un seul récit les deux narrations qui s'entrelacent dans *Salut Galarneau!* Ce roman, en effet, ne commence pas avec la jeunesse du héros, mais bien au moment où celui-ci se met à rédiger son journal. Il traite donc de deux choses bien distinctes : du passé de Galarneau, qui va depuis son enfance jusqu'au moment où il commence à écrire, et de son présent. Dans la partie « présent », François parle à la fois de son rapport à l'écriture et des événements qui surviennent dans son existence. *Salut Galarneau!* est sous-titré « roman ». Mais ce roman a adopté une forme particulière : celle du journal. *Salut Galarneau!* est donc une fiction de journal.

Un journal

Le journal authentique présente deux caractéristiques :

— il est une narration intercalée : chaque événement est relaté immédiatement après avoir été vécu ;

— il a un narrateur autodiégétique : ces événements sont racontés par celui qui les a vécus.

La narration intercalée appartient au journal et aussi au roman épistolaire. Dans ce type de narration, chaque phase du récit est racontée immédiatement après avoir été vécue. Le texte se présente donc comme une suite de petits récits qui ne débouchent pas nécessairement sur une conclusion, et qui ne laissent pas prévoir ce qui va suivre : et pour cause, puisque les événements qui suivent n'ont pas encore été vécus !

Ce mode narratif est assez exceptionnel, le plus fréquent étant la narration postérieure.

Dans la narration postérieure, on raconte les faits après qu'ils se sont produits. On peut dire que la narration intercalée du journal est un cas particulier de narration postérieure. Le texte se présente comme un tissu de petites unités narratives, chacune étant relative à des événements qui ont précédé sa rédaction. Dans le véritable journal — écrit jour après jour —, ce tissu est nécessairement assez décousu, puisque, en principe, les petites unités sont produites chaque jour, et non après qu'un événement s'est produit et a été bouclé ! L'événement, en effet, peut se produire en quelques secondes ou se dérouler sur plusieurs jours.

Un narrateur autodiégétique

Contrairement à ce qui se passe avec le roman épistolaire, dans un journal, les événements sont racontés par celui qui les a vécus à titre de personnage principal.

Comme tous les journaux, et comme presque tous les romans de Godbout, ce livre est écrit en « je ». (*Les Têtes à Papineau,* qui raconte l'histoire de deux frères siamois, est évidemment écrit en « nous », pluriel de « je »…)

Le « je » du roman godboutien est ce que l'on nomme, en termes techniques, un narrateur autodiégétique : un narrateur conte les expériences qu'il a vécues, en tant que personnage central de l'histoire. L'apparition du « je » est donc une conséquence presque automatique de cette coïncidence entre protagoniste (personnage) et narrateur.

Mais tout discours d'un narrateur autodiégétique n'est pas un journal. D'une part le journal ne revêt pas la forme achevée qu'a, par exemple, une autobiographie ou un plaidoyer, autres genres autodiégétiques. De l'autre, le temps du journal cherche à épouser le temps des événements qui y sont relatés : ils se déroulent dans un certain parallélisme.

Les journaux dans le journal

Au long du texte, Godbout fait plusieurs allusions au genre littéraire du journal, un peu comme en un clin d'œil. Il amène en effet son héros à lire le *Journal* d'André Gide et celui d'Anne Frank.

Il n'aurait pas été malaisé à Godbout de mentionner d'autres journaux célèbres. Alors pourquoi ceux-là, et ces deux-là seulement ? On peut y voir le désir qu'a eu l'auteur de montrer les deux extrémités d'un éventail : d'un côté, un journal dont la tenue est authentiquement littéraire, œuvre due à un auteur patenté, parangon de l'écrivain élitiste ; de l'autre, un journal à gros succès, sans prétention stylistique, valant pour les sentiments qui s'y expriment et pour les circonstances qui ont entouré sa rédaction. Ces journaux relèvent donc de deux types de littérature radicalement différents.

Mais ces littératures sont toutes deux affectées d'un signe négatif aux yeux de François Galarneau : il lit le *Journal* d'Anne Frank dans le train (p. 49), mais l'ouvrage lui tombe sur les genoux. Le journal de Gide lui est donné par Jacques, mais voici ce qu'il en pense : *Un drôle de zèbre qui écrit des phrases à pentures, pour analyser ses sentiments, comme une vieille fille peureuse, des qui, des que, ça s'enchaîne comme des canards dans un stand de tir* (p. 83).

Godbout situe le journal de son héros entre ces deux extrêmes. Il entend ainsi inscrire son roman dans un champ littéraire qui hésite entre la littérature anecdotique et la littérature élitiste.

Ce balancement entre la littérature pour tous et la littérature pour quelques-uns sera confirmé par examen des « seuils ».

Un « Bildungsroman »

Salut Galarneau ! n'est pas qu'un journal. Il est aussi un « roman-roman ». Et de ce point de vue, c'est un bon échantillon d'un sous-genre bien connu des historiens de la littérature : le Bildungsroman.

L'expression allemande Bildungsroman peut se traduire par « roman de construction » ou « d'apprentissage » ou « de formation ». On veut dire par là qu'il raconte l'évolution d'une personnalité dans un monde lui-même en évolution. De ce point de vue, le Bildungsroman se différencie du roman traditionnel du Moyen Âge, où le héros est déjà formé et doté une fois pour toutes des valeurs de l'univers dont il est issu ; et tout le récit consiste à confronter ses valeurs à celles d'un autre univers, stable également. Dans le Bildungsroman, par contre, le héros se construit progressivement. Il s'invente littéralement, au contact d'un univers nouveau, qu'il apprend à connaître et qui se livre progressivement à lui. Du coup, cet univers se modifie aussi.

Le Bildungsroman présente en général les caractéristiques qui suivent.

1) Son héros est nécessairement jeune (souvent, il est à la fin de son adolescence).

2) Ce héros rompt nécessairement avec les valeurs de son milieu d'origine.

3) Cette rupture est souvent complétée par une rupture géographique : le héros voyage, ce qui lui permet de rencontrer des personnes et des univers très différents de ceux qu'il connaît.

4) Ces ruptures sont fréquemment rendues sensibles par une épreuve, dont le héros ne comprend pas nécessairement le sens profond.

5) Le héros retourne toujours dans son milieu d'origine. Ce retour a une double fonction : il permet d'évaluer le chemin parcouru, la modification survenue au cours de la formation ; il permet de réinsérer ce héros dans un nouvel ordre cosmique.

Sur le plan de la forme, il faut noter ceci :

6) Le Bildungsroman est fréquemment métaphorique : le héros et le monde qui l'entoure incarnent des valeurs particulières. Mais, puisque le héros se construit peu à peu, ceci implique que les valeurs en question ne sont pas données : elles s'élaborent et se formulent progressivement.

7) Le Bildungsroman n'emprunte pas de forme narrative particulière. Mais la forme du journal est loin d'être incompatible avec le Bildungsroman : la réflexion sur soi-même qu'on y trouve peut en effet être formatrice.

Application

- Supposez que *Salut Galarneau !* ne soit pas un journal, mais une autobiographie. Comment faudrait-il réorganiser le contenu des chapitres ? Élaborez le schéma de ce contenu. L'exercice doit bien sûr être limité à une séquence ne reprenant que quatre ou cinq chapitres. Par exemple à 1 (A), 8 (H), 10 (T), 11 (D).

- Repérez les passages qui pourraient subsister tels quels dans une autobiographie ; l'exercice doit être limité à une série de chapitres seulement.

- Comparez, du point de vue du fonctionnement du narrateur homodiégétique (car il s'agit de deux textes en « je »), le roman *Une histoire américaine,* de Godbout (1986), avec *Salut Galarneau !* Quelle répercussion a le fait que *Une histoire américaine* ne soit pas construit comme une narration intercalée ?

- Trouvez un exemple caractéristique de Bildungsroman, dans la littérature québécoise ou dans la littérature française. Comparez-le à *Salut Galarneau !* aux divers points de vue exposés ci-dessus.

Le paratexte

En termes techniques, on nomme paratexte l'ensemble des éléments — titre, préface, etc. — préliminaires au texte. Il se tisse parfois entre les divers éléments du paratexte des relations assez subtiles. Nous allons avoir l'occasion d'en juger avec ceux de *Salut Galarneau!*

La dédicace, qui appartient bien sûr au paratexte, est l'hommage qu'un écrivain fait de son œuvre à quelqu'un. Il exprime cet hommage par une inscription figurant sur une page indépendante, en tête de cette œuvre. On peut dédicacer un livre à qui l'on veut : un ami, une personne respectée, un groupe ou une collectivité. Cette inscription peut ne rien avoir à faire avec le contenu de l'ouvrage. Mais dans la mesure où la dédicace fait physiquement partie du livre — ce qui n'est pas le cas d'une dédicace manuscrite —, il est légitime d'y chercher une signification éclairant l'ouvrage.

Salut Galarneau! porte la dédicace : *Pour Maurice Nadeau, celui de Saint-Henri* (p. 7). Saint-Henri est un quartier pauvre de Montréal. Godbout y tourna d'ailleurs un documentaire, peu de temps avant d'écrire *Salut Galarneau!*: *À Saint-Henri, le cinq septembre* (1962). Et Maurice Nadeau était un des personnages de ce quartier.

Le lecteur qui est au courant de ces détails s'attend donc à ce que le roman constitue une contribution à l'élaboration d'une culture populaire, et exprime les espoirs d'une certaine forme de progrès et de libération pour les défavorisés.

Si le livre est adressé non à *Maurice Nadeau, de Saint-Henri* mais à *Maurice Nadeau,* **celui** *de Saint-Henri,* c'est qu'il y a d'autres Maurice Nadeau. Et de fait : pour l'amateur de littérature, le nom de Maurice Nadeau évoque surtout un critique, éditeur et érudit français, directeur des *Lettres nouvelles,* critique à qui on doit maints travaux sur le roman, et notamment une *Histoire du surréalisme.* Un rapport subtil s'établit ainsi entre la dédicace et l'épigraphe, où, discrètement, il est également question de surréalisme.

L'épigraphe est une courte citation qu'un auteur peut placer en tête de son œuvre. Elle constitue elle aussi une clé pour la lecture. Et sans doute plus sûrement que la dédicace, puisqu'elle prend souvent la forme d'une maxime.

Salut Galarneau! s'ouvre sur une citation d'André Breton (1896-1966) : *Il fallut que Colomb partît avec des fous pour découvrir l'Amérique. Et voyez comme cette folie a pris corps, et duré* (p. 9). Dans un roman où il sera beaucoup question du Québec et de sa culture, une telle citation permet de prévoir qu'on insistera sur l'américanité de ce Québec. Mais aussi que reconnaître le Québec, et son américanité, s'apparente à une folie. Une folie toutefois positive, et promesse de durée.

Mais le fait que la citation soit signée de Breton, théoricien du surréalisme, suggère qu'on ne doit pas lui accorder une signification trop locale : le pape du surréalisme parisien ne se préoccupait pas précisément de l'Amérique ! Il luttait pour que l'Homme — entendons : l'homme et la femme de partout — soit libéré dans sa vie intime et sa vie sociale de tout ce qui est susceptible de le brider. Pour cela, il faut le rendre apte à découvrir toutes les possibilités qu'il a en lui-même. L'Amérique à découvrir, chacun l'a donc en soi, et doit consentir à la folie qui consiste à se trouver (à se construire : Bildungsroman).

De ceci, on peut conclure deux choses.

D'une part, il faut donner une portée assez universelle à l'épigraphe de *Salut Galarneau!* Conclusion qui concorde avec ce que nous savons des positions de Godbout : celui-ci est certes préoccupé de l'avenir du Québécois et de la Québécoise, mais aussi et surtout du sort de tous ceux qui participent à notre civilisation.

D'autre part, l'épigraphe corrige la portée de la dédicace. *Salut Galarneau !* s'inscrit certes dans un projet d'élaboration d'une culture populaire. Mais celle-ci n'est pas incompatible avec la culture réputée élitiste, représentée ici par le surréalisme. La folie, entendue comme grandeur, est parfaitement compatible avec une certaine modestie, que la collectivité québécoise se reconnaît volontiers. En fait, ce que le livre conteste, c'est, on le verra, l'existence même d'une frontière entre la culture dite de masse et la culture élitiste.

Bien sûr, cette contestation est ambiguë. Elle s'exprime en effet dans le rituel même de la culture d'élite : la dédicace et l'épigraphe figurent parmi les appareils paratextuels les plus formalisés de cette culture. Mais, on le verra aussi, le texte rachètera cette ambiguïté : nombre de ses traits viendront bousculer les habitudes du lecteur réputé cultivé.

Le titre

Même composé de noms communs, le titre est un nom propre : il sert en effet à désigner commodément l'objet singulier qu'est le livre. Il n'est pas nécessairement indicatif du contenu de ce livre : « Les titres des livres sont souvent d'effrontés imposteurs », disait Balzac. Comme les autres éléments du paratexte, il sert néanmoins de clé : il se présente toujours comme une devinette pour le lecteur, puisqu'il suscite chez celui-ci un pari sur l'orientation du texte qui suit le titre.

Assez fréquemment, les mots du titre constituent une figure rhétorique, de l'ordre de la métaphore ou de l'ordre de la synecdoque. Comme métaphore, le titre peut exprimer de manière indirecte une signification ou une valeur du roman (*Neige noire, Le Chiendent, Ulysse, L'Écume des jours*). Comme synecdoque, le titre extrait du texte un élément auquel l'auteur confère un rôle exemplaire. Cet élément est assez souvent un nom propre désignant une personne — ici, un certain *Galarneau*, dont nous pouvons attendre qu'il joue un rôle central dans l'ouvrage —, personne éventuellement pourvue de certaines qualités morales ou sociales ; ce peut être aussi un groupe, un élément spatial et/ou temporel, un objet ou un concept, un événement (*Les Misérables, Week-end à Zuydcoote, Le Couteau sur la table, La Loi, La grosse femme d'à côté est enceinte*). Mais les rapports entre titre et texte ne sont jamais donnés : ils sont multiples, voire contradictoires (renforcement par exemple, ou contradiction, dans le cas des titres ironiques).

Ce qui est surtout remarquable dans *Salut Galarneau !*, c'est la forme même du titre. En effet, les titres privilégient d'habitude les tournures nominales (*L'Aquarium, Les Têtes à Papineau…*), moins fréquemment les tournures phrastiques (*C't'à ton tour, Laura Cadieux*). En tout cas, ils adoptent rarement, comme ici, une forme interjective. Le cas le plus célèbre de titre interjectif est sans aucun doute *Bonjour tristesse* de l'écrivain Françoise Sagan (1954). Encore qu'on ne sache si *Salut !* veut ici dire « bonjour » ou « au revoir » (p. 158, il signifie « à demain »), il est permis de voir dans *Salut Galarneau !* un rappel antiphrastique, ironique, de ce titre-fétiche de la jeune littérature française de l'après-guerre. Antiphrastique, car le titre de Godbout est marqué par une certaine robustesse (*Salut !*, plus familier que *Bonjour,* est de surcroît suivi d'un point d'exclamation) ; il est même résolument optimiste, si Galarneau signifie bien « soleil », comme le héros et même l'auteur et la critique nous le disent volontiers (nous y reviendrons). Opposition entre une littérature française à la musique « désenchantée, maigre, un peu crispée » (c'est… Maurice Nadeau qui parle, celui de Paris) et une littérature québécoise optimiste, copieuse, extravertie… ?

L'auteur

- Jacques Godbout, cinéaste, journaliste, poète, homme d'action, militant parfois, organisateur, éditeur, est un des intellectuels les plus importants du Québec de la seconde moitié du XXe siècle. Un intellectuel, en effet, est quelqu'un qui analyse la société et l'histoire, communique ses réflexions à ceux qu'elles concernent, et prend ses responsabilités aux yeux de ses contemporains. En tant qu'écrivain, Godbout n'est donc pas un être désincarné. Au long de sa carrière, il aura traduit en termes littéraires les grands enjeux sociaux et culturels de la deuxième moitié du XXe siècle, au Québec et dans le monde occidental. Dans cet effort de traduction, ses armes principales seront la lucidité et la causticité.

L'oeuvre

- *Salut Galarneau!* est un roman étroitement branché à l'actualité. Il contient de nombreuses références aux débats politiques et culturels de son temps, les années soixante.

- Ces Golden Sixties sont, sur le plan économique, une ère florissante, et, sur le plan idéologique, une ère de débats passionnés, où alternent l'optimisme généreux et la mauvaise conscience. C'est aussi l'époque de la véritable modernisation du Québec, qui apprend à rompre avec les aspects les plus lourds de son passé. On assiste aussi à des bouleversements esthétiques libérateurs : dans la littérature comme dans les autres arts, on met en question toutes les valeurs établies. En littérature, cette subversion prend diverses formes qui toutes ont en commun de montrer la facture du texte. On trouve la trace de tout ceci dans *Salut Galarneau!*

- Ce roman a aussi contribué à l'avènement de la littérature québécoise qui se crée depuis le début de la décennie : y contribuent le choix des personnages et des décors, mais aussi des thématiques particulières comme celle de la rupture. L'époque est également au style oral familier. *Salut Galarneau !,* qui semblait correspondre au désir collectif d'un destin positif, a donc été lu comme un fragment du « texte national québécois ».

- En tant que roman, *Salut Galarneau !* est un Bildungsroman, narrant une prise de conscience individuelle, mais aussi collective. En tant que journal, dont il a le côté décousu et direct, il s'inscrit dans un champ littéraire qui hésite entre la littérature de masse et la littérature élitiste, interprétation que suggèrent aussi les éléments du paratexte.

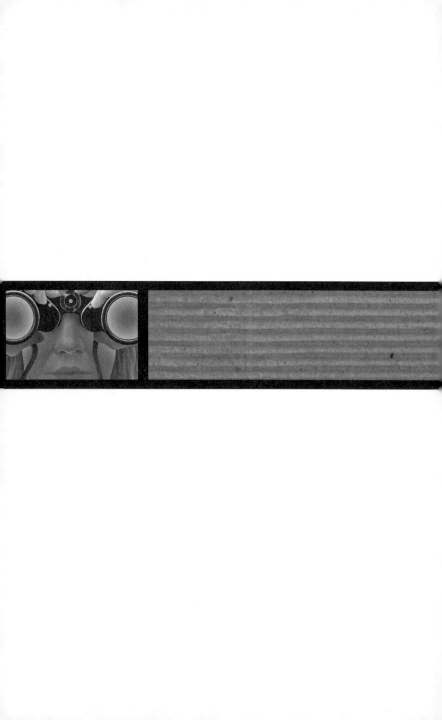

ÉTUDE DE L'OEUVRE

Deuxième partie

1	LES THÈMES ET LES MOTIFS
2	LA STRUCTURE ET LA COMPOSITION
3	L'ÉCRITURE
4	LE FOND ET LA FORME
5	À RETENIR

Le roman de la formation

Reprenons une à une les caractéristiques générales du Bildungsroman en les appliquant à notre texte.

Galarneau vit une double formation : la première lors de son adolescence, la seconde à l'âge adulte.

Le héros du Bildungsroman est jeune, et il est même habituellement saisi à la fin de son adolescence. C'est le cas de François Galarneau : il a vingt-cinq ans lorsqu'il rédige ses cahiers (p. 44), qu'il achèvera en son vingt-sixième anniversaire (p. 155) ; mais lorsqu'il commence sa formation, il n'en a que seize (p. 137).

Le héros du Bildungsroman rompt nécessairement avec son milieu d'origine. La rupture est ici celle de tout lien familial : le père de François meurt brutalement. Radicalement coupé de la génération qui le précède, le héros est désormais seul en première ligne ; il accède à l'âge adulte, ce qu'il souligne lui-même de manière imagée (*Je suis entré à l'église derrière le cercueil avec une peau de pêche aux joues. Au sortir de la cérémonie, j'avais une moustache*, p. 21). Du coup, c'est toute la cellule familiale qui est frappée d'inexistence : la mère part aussitôt aux États-Unis (p. 71 ; et de toute manière, on n'aurait pu lui parler, p. 47), et les deux frères sont déjà partis (l'un en Europe — mais celui-là ne se forme pas ; il prépare sa carrière ; voir p. 45 —, l'autre au séminaire). Quant au grand-père Aldéric, qui semble pourtant bienveillant et qui encouragera d'ailleurs François à partir, il n'écoute pas : autre distance (p. 47).

La rupture familiale est donc totale. Elle est aussi, dès le début, complétée par une rupture avec l'autre cellule où l'on se forme à l'origine : le milieu scolaire. Après le décès de son père, le héros refuse en effet de retourner aux études (p. 21, 45).

On a dit que Galarneau vivait, dans le roman, une double formation : la seconde commencera par une autre rupture, la plus radicale qui soit, puisqu'il s'agit de s'enfermer derrière un mur pour attendre la mort. Ceci se produit après une nouvelle rupture familiale : la trahison des frères de François.

Dans le Bildungsroman, la rupture avec le milieu est régulièrement doublée par une rupture géographique : le héros voyage. Mû par l'envie de bouger (p. 21), c'est ce que Galarneau décide de faire (p. 47, 49) ; et ceci l'amène à Lévis, où il se mariera.

On notera l'omniprésence du thème du voyage dans le roman. Cette présence se marque en outre dès l'épigraphe de Breton.

Il est plus difficile de dire qu'il y a voyage lors de la seconde formation, puisque le héros s'emmure. On verra pourtant que sa vie cloîtrée peut être décrite comme un voyage intérieur.

Dans le Bildungsroman, les ruptures sont fréquemment rendues sensibles par une épreuve ou par des actes rituels dont le héros ne comprend pas nécessairement le sens profond. C'est ce à quoi l'on assiste ici, à deux reprises au moins.

Galarneau, qui était trop jeune pour boire (p. 45), se met à l'alcool. Il s'agit là d'un rite qui, chez le mâle occidental, est traditionnellement lié au passage à l'âge adulte. On notera que c'est précisément avec la personne qui lui suggère de prendre le départ que François se saoule pour la première fois (p. 47).

Et, surtout, François se soumet à la curieuse cérémonie que lui impose son grand-père au chapitre 24 (D), et à laquelle nous reviendrons.

Nous avons vu que, dans le roman de formation, le héros opère toujours un retour dans son milieu d'origine, retour qui permet d'évaluer le chemin parcouru, et de réinsérer le personnage dans un nouvel ordre.

C'est bien ce qui se passe ici : François rentre de Lévis vers Sainte-Anne, après une année d'absence exactement (*Entre l'aller et le retour, toute une année s'était faufilée sous la clôture*, p. 103).

À la fin du roman, on aura également un double mouvement de départ et de retour. Le départ est net et rapide (*Je n'ai pas prévenu Arthur, ni Jacques*, p. 125). Et le livre se clôt sur le retour du héros à sa famille et à ses proches (*Je m'en vais porter mon livre en ville pour que Jacques, Arthur, Marise, Aldéric, maman, Louise et tous les Gagnon de la terre le lisent...*, p. 158).

Il faut souligner que la thématique du couple départ-retour est plus d'une fois évoquée dans l'œuvre. François aime certes voyager, mais ce qui compte surtout pour lui, déclare-t-il, ce sont *les départs et les arrivées* (p. 47). Ce double mouvement est hissé sur un plan symbolique très général, puisque le héros en fait la caractéristique familiale des Galarneau et, au-delà de sa famille, celle de toute la collectivité québécoise : *Ça doit être notre côté coureur des bois, ce besoin continuel de partir, et notre côté vieille France celui de revenir*, p. 60). On peut même dire que ces mouvements ont un aspect cosmique ; François ne déclare-t-il pas : *Je préfère les fusées intercontinentales pour voyager* (p. 80) ?

La double rupture : un avenir ouvert

L'aventure de François est double. Et tout ce qui vient d'être dit se répète par deux fois dans le roman. Une fois après la mort du père, une seconde fois après la mort de l'amour.

La première rupture a été suivie d'un premier retour, et d'une nouvelle vie. Mais un peu plus tard survient une seconde rupture. On observe une fois de plus, chez le héros encore jeune — il a vingt-cinq ans —, une nouvelle rupture avec le milieu : rupture avec la femme aimée, rupture avec Jacques, incompréhension d'Arthur. La rupture géographique est également présente : c'est l'emmurement, un enfermement qui constitue en soi une épreuve. Et le schéma se complète avec le retour...

Cette seconde rupture a été préparée par le voyage initiatique de l'écriture : comme on le verra, le roman a aussi pour thème l'écriture, et cette écriture peut être lue comme symbole du voyage et du contact.

Il y a évidemment des différences entre les deux ruptures. La seconde rupture géographique ne se présente plus comme un voyage. Ou, s'il y a voyage, c'est un voyage au bout de soi-même. La seconde différence réside en ceci que le processus est plus concentré : il est plus dense dans le temps, et il emprunte des formes plus extrêmes.

Mais il est très significatif que ces deux ruptures se répondent dans la structure du texte. Tout d'abord, le héros jette discrètement des ponts entre ses deux expériences : *J'ai dormi comme à Lévis les premiers jours,* nous confie-t-il lorsqu'il est renfermé (p. 129). Mais il y a surtout ceci : le narrateur raconte la cérémonie initiatique qu'il a vécue à l'âge de seize ans au moment exact où le mur qu'il fait construire se referme sur lui. Les deux expériences coïncident donc étroitement dans la lecture. Le philosophe et historien des religions Mircea Eliade note que les sociétés primitives rejettent le temps historique. Il y a bien de cette sorte de rejet ici, puisque les deux temps sont liés par François : page 132, on passe du présent de la narration où il se décrit en train d'écrire au récit de l'initiation par l'intermédiaire de deux simples points.

Mais pourquoi une double aventure ?

Sans doute est-ce pour montrer que le chemin sur lequel Galarneau s'est engagé pour affirmer son identité personnelle n'a pas de fin. Car si le roman nous offre deux départs, débouchant chacun sur une nouvelle vie, il n'y a pas de raison que cela s'arrête : il est possible qu'il puisse y en avoir trois, quatre, et même davantage ! En quelque sorte donc, le roman n'a potentiellement pas de fin : le récit peut sans cesse rebondir. C'est si vrai que, vingt-sept ans après *Salut Galarneau !,* Jacques Godbout se sentira obligé de reprendre les aventures de François et de ses frères dans *Le Temps des Galarneau…*

Le roman du refus

Salut Galarneau! exprime un certain nombre de refus, et formule en contrepartie des valeurs que l'on peut opposer aux choses refusées.

Ces deux mouvements — rejet et recherche — sont traités de manières assez différentes dans le roman.

Ce que veut le héros? C'est *vécrire*. L'artificialité même du terme — un néologisme fondé sur un mot-valise un peu boiteux — indique que le héros ne sait pas définir exactement son idéal.

Un mot-valise est une expression nouvelle ou un mot nouveau créé par l'agglutination de morceaux de deux ou de plusieurs mots. Dans le mot-valise type, les deux mots à son origine possèdent certains sons (ou certaines lettres) en commun. Dans *vécrire*, « vivre » et « écrire » ont « i » et « re » en commun.

S'il ne peut définir ses objectifs, le héros sait fort bien ce qu'il entend quitter. C'est dans un même mouvement que François prend conscience de sa condition d'aliéné et de la médiocrité de tout ce qui l'entoure. Cet univers, il le connaît trop bien. De sorte qu'il le peint en couleurs franches, avec des contours nets. Ceci contraste avec la difficulté qu'il éprouve à formuler ce qu'il veut comme avenir.

Le portrait que Galarneau brosse de la collectivité à laquelle il appartient est peint en couleurs sombres.

On peut dire qu'il ne lésine pas sur les termes péjoratifs. Peut-être François est-il saoul lorsqu'il éructe : *Tu sais ce que je vois autour de moi* […] *? Des saloperies, des sacrements d'égoïsteries* […] *Des salauds partout.* […] *Sacrement, mes enfants, on n'est pas beaux, pas beaux du tout. On est des minables, la belle société !* […] *On est des écœurants* (p. 87-88). Mais il est bien à jeun lorsque par deux fois il déclare vivre dans une *société de pourris* (p. 42 et 126).

Puis, sous le coup de la chaleur, Galarneau critique un pays extrême : *Cochon de pays. Tu gèles ou tu crèves, jamais de milieu.* Est-ce contre son climat qu'il en a ? Non, c'est bien au pays et à toute son histoire qu'il en veut : des origines — ici figurées par Cartier — à l'ère contemporaine. *J'emmerde Jacques Cartier ! Je rêve de voir Johnson ou Lesage empalés, c'est tout ce qu'ils méritent, je veux dire, c'est une baptême de folie de rester ici* […] *nous avons trop aimé, trop pardonné, c'est pas une façon de vivre* (p. 24-25). Comme on le verra, ce sont de multiples aspects du Québec qui sont récusés : le Québec qui est dominé par l'Église, gardienne des bonnes mœurs (p. 27), le Québec où on ne peut réussir économiquement qu'en se prostituant, celui qui est dominé par des puissances étrangères, celui où se « former », c'est s'aliéner. Commençons par ce dernier refus.

Refus d'une certaine éducation

On ne s'étonnera pas que la critique de l'éducation prenne une place toute particulière dans un roman de formation. L'éducation dominante au Québec est sévèrement jugée par François : *Pour ma part, celle que j'ai subie* — notons le verbe utilisé, dans une locution où l'on utilise conventionnellement le verbe « recevoir » — *ne valait même pas le déplacement à bicyclette* (p. 13).

Ainsi, François ne veut plus étudier, et ce reniement, il l'a redit par trois fois au moins à son frère (p. 17). La raison ? C'est Jacques qui l'exprime : *Ce que, d'une part, l'on veut que tu apprennes te laisse froid, ce que, d'autre part, tu veux savoir, ils ne l'enseignent pas* (p. 17). Ceci n'est pas une condamnation de toute éducation, comme le lecteur pourrait le penser à la lecture un peu rapide de certaines phrases de François (*On n'a pas besoin de s'instruire pour s'enrichir : il suffit de voler. On n'a pas besoin de s'instruire pour être heureux : il suffit de ne pas y penser,* p. 46). Non, c'est que la libération qui survient par l'instruction classique est ambiguë : la culture classique ne suffit pas à libérer (grâce à elle, les Québécois sont tout au plus *des laveurs de carreaux instruits,* p. 42). Cette éducation cultive la gratuité. Or une telle éducation permet à l'esprit d'être inquiet, mais elle n'offre pas en contrepartie de vraies raisons d'espérer en soi. Elle ne débouche que sur l'illusion d'égalité, non sur l'égalité : *L'instruction obligatoire, c'est une idée de bour-*

geois, *une idée de gens riches qui s'emmerdaient à se poser tout seuls des ques-*
tions, sans toujours trouver la réponse [...] *Partageons les fardeaux lourds à*
porter : ce n'est pas une raison pour partager l'argent (p. 25-26).

Et si l'éducation donnée au Québec a tant de tares, c'est sans nul doute
parce qu'elle est le monopole du clergé. Dans tout le roman, on souligne
d'ailleurs l'équation éducateur-prêtre.

Refus du cléricalisme

L'anticléricalisme de François n'éclate nulle part mieux que dans ce
passage : *Quand je fais griller des saucisses, je m'imagine que c'est des curés*
qui brûlent. Je fais mes révolutions sur la bavette du poêle, c'est très efficace, je
gagne chaque fois, je contrôle les référendums, j'attends qu'ils meurent tous et
puis je nettoie la grille (p. 42). Ce passage est doublement féroce. D'abord
parce que la comparaison d'un curé à une saucisse est pour le moins irres-
pectueuse. Ensuite, parce qu'il applique l'adage *Qui a vécu par le glaive pé-*
rira par le glaive à ceux-là qui l'ont appris à leurs ouailles : François ne
voue-t-il pas aux flammes de l'enfer ceux-là mêmes qui ont toujours
utilisé ces flammes comme menace suprême ? Mais la comparaison est
aussi ambiguë, car elle exprime une certaine impuissance devant ce qui
vous opprime : brûler un tyran en effigie n'a jamais libéré personne.

On peut d'ailleurs voir une certaine ambiguïté dans l'attitude de François. Godbout a choisi Arthur, qui a reçu sa formation au séminaire, pour
dessiner la caricature du clergé. De celui-ci, notre *délice pour les curés* a
toutes les tares : amour de l'argent, camouflé sous les dehors de la charité
(*Organisateur en chef des campagnes de charité, à treize pour cent de com-*
mission, p. 120 ; v. aussi p. 74) et allures homosexuelles, condamnables aux
yeux du bon peuple (*idem*). Mais Arthur est pourtant le frère de François.

Ce n'est pas seulement au prêtre que son héros en veut ; c'est surtout à
la doctrine qu'il professe. En d'autres termes, François n'est pas qu'anti-
clérical : il est antireligieux.

L'important est sans doute de poser la question : pourquoi l'anti-religion ? Parce que la religion mène au mépris des plaisirs, à l'ignorance et à la bêtise. Parce qu'elle enjoint à chacun de rester à sa place, et cela de manière impérieuse : *Ils avaient probablement tout prévu : dès ma naissance, ils savaient que je glisserais dans un trou sans demander mon dû, ma joie, ma place* (p. 74).

François a des principes : quand il va quelque part, il commence par ôter tous les symboles religieux (p. 49), et, lui dont l'imaginaire est pétri d'images religieuses, il n'hésite pas à se moquer des prières chrétiennes et des mythes que les Évangiles rapportent. Voici ce que devient l'Annonciation sous sa plume : *L'idée de faire un livre, ça ne m'est pas venu tout seul. Je ne suis pas de ceux que visite l'Esprit saint un beau matin pour leur dire : votre femme est enceinte et ça n'est pas du voisin, ça n'est pas aux couilles d'Henri non plus qu'il faut vous en prendre, soyez bon, Joseph, c'est la semence de Dieu qui a fait son chemin* (p. 25). Et voici la version Galarneau du Credo : *Je croyais en Louise ma femme bien-aimée qui n'avait pas conçu sous Ponce-Pilate, qui croyait à sa mère toute-puissante la sainte Éloïse, et en Gagnon le propriétaire unique de Lévis* (p. 102). La moquerie consiste parfois à mettre sur le même pied une réalité considérée comme de peu d'importance et un propos théologique : *Deux patates avec Ketsup ? Dites moi : pensez-vous que Dieu est mort ? Sans vinaigre ?* (p. 61).

Refus d'un certain monde politique

Il n'y a pas que l'Église qui soit haïssable aux yeux de François. Ce dernier rassemble l'Anglais et l'Église dans le même dégoût : *Je vais prendre un Eno's Fruit Salt ; je n'ai pas digéré les Anglais ni les curés* (p. 74). Cette association montre bien qu'il n'est pas mû par une haine ethnique lorsqu'il énonce : *Je suis pas séparatiste, mais si je pouvais leur rentrer dans le corps aux Anglais, avec mes saucisses, ça me soulagerait d'autant* (p. 120 ; notons un nouvel usage de la saucisse : cette fois, on en fait une arme). C'est que le pouvoir politique aliène autant que le pouvoir religieux.

Le mépris de l'Anglais n'est pas culturel : d'ailleurs, François éprouve une certaine admiration pour ce qui vient des États-Unis. Sa haine pour l'Anglais est plutôt emblématique d'un triple mépris en ce qu'il vise trois catégories d'êtres humains :

— celui qui se renie pour servir ses propres intérêts (voir ce qui est dit de Hénault, le pharmacien, p. 59) ;

— celui qui détourne les plus nobles sentiments (Arthur fait de la charité un système économiquement rentable) ;

— l'homme politique qui ne fait de politique que pour servir ses propres intérêts. François, qui est à la fois *le prince et le ministre* (p. 42) du château qu'est *Au roi du hot-dog,* déclare : *Aux quatre coins du jardin, je devrais faire empailler des députés* (p. 126). Lointain écho à l'image de Johnson et de Lesage empalés…

Le roman de l'écriture

Le thème principal de *Salut Galarneau !* est l'écriture : en effet, le roman est fait de la reproduction des deux cahiers dans lesquels François Galarneau, personnage central, a consigné ses souvenirs. Le roman se présente ainsi en deux parties, chaque partie correspondant à un cahier.

Omniprésence de l'écriture

L'écriture autobiographique est omniprésente : elle investit à la fois le passé et le présent du récit. Le passé : un certain nombre de souvenirs racontés sont précisément relatifs à la décision d'écrire prise par François, et aux raisons qu'il avait de s'y mettre (voir notamment le passage introduit par *L'idée de faire un livre, ça ne m'est pas venu tout seul,* p. 25). Le présent : le récit est plein d'allusions aux difficultés rencontrées au cours de la rédaction et ne cesse de faire référence à l'acte d'écrire. C'est le cas dès les premières lignes du roman : *Ce n'est vraiment pas l'après-midi pour essayer d'écrire un livre, je vous le jure* (p. 13). Mais cette préoccupation se retrouve partout ailleurs. Ainsi, Galarneau parle du caractère des mots qui sortent du stylo au moment même où ils en sortent (p. 21), se plaint de la fatigue des yeux que l'écriture occasionne (p. 63), etc.

La présence du thème est encore renforcée par les multiples allusions à des pratiques d'écriture n'ayant rien à voir avec le récit autobiographique. On apprend ainsi que Galarneau écrit sur n'importe quoi et à propos de n'importe quoi (*Tu prends même des notes sur les serviette de table, puis tu jettes tout ça aux vidanges,* explique sa compagne p. 28), qu'il copie des recettes de cuisine (p. 84), que lorsqu'il touche le fond, il en vient à s'écrire à lui-même, sous divers pseudonymes (p. 131-132). On apprend surtout qu'il écrit des poèmes, poèmes certes absents du livre, mais qui doivent être chers à François, puisqu'il en parle à plusieurs reprises et qu'il veut même les lire à ses clients (p. 23, 28, 41, 73, 137).

On ne s'étonnera donc pas que soient bien présentes dans le livre ces mille choses qui rendent l'écriture possible : du stylo à bille qu'on suce (la *ball-point North-rite* des pages 21 et 82) aux lettres dorées de la publicité (p. 23), du papier au néon des enseignes. Sans oublier, bien sûr, la langue elle-même et l'alphabet. La langue, cet opéra (p. 33) dont on peut énumérer les notes, la langue avec sa grammaire (p. 33), son orthographe et ses parties du discours (p. 35). L'alphabet qui, en permettant d'épeler AU ROI DU HOT DOG, permet la pirouette qui évite à Godbout de numéroter ses chapitres.

Par ailleurs, le thème de l'écriture est à de multiples reprises relayé par celui de la lecture. De même qu'il écrit sur des serviettes, le héros lit tout, *même des choses inutiles* (p. 28), et cela au point de se faire mal aux yeux (p. 63). Rien d'étonnant à cela dans un roman où les liens familiaux sont capitaux : la mère de François, en effet, dévorait déjà des romans-photos italiens et des comics américains, des lectures fondamentales pour sa formation (p. 58, 70-71), et sa compagne lit Peter Cheney (p. 57). François aura donc la rage de lire : le *Reader's Digest* (p. 28, 81) et le *Larousse* (p. 31), sans doute, mais aussi de la littérature. Si les journaux d'André Gide et d'Anne Frank l'ennuient passablement, notre marchand de frites éprouve un certain respect pour Rimbaud (p. 19) et n'hésite pas à faire référence aux couples célèbres de la littérature française : Sand et Musset, Simone de Beauvoir et Jean-Paul Sartre (p. 29), ou aux grands classiques comme La Bruyère (p. 130), et il sait même ce qu'est la fameuse nuit de Pascal (*id.*). Même s'il ne les a pas lus, les récits le fascinent, comme cette autobiographie d'un chauffeur de taxi ou ces souvenirs d'une mère maquerelle parisienne dans laquelle on peut peut-être reconnaître Madame Claude (p. 26-27). Qu'il y ait une articulation entre lecture et écriture, cela saute aux yeux de François : *Quand on écrit soi-même, les livres prennent une curieuse allure, ils parlent mieux, ou alors ils vous tombent des mains, il n'y a plus de milieu* (p. 83-84).

Écrire, pour quoi faire ?

Salut Galarneau! contient donc une réflexion sur l'écriture et sur ses différentes fonctions sociales. Le roman confronte ainsi trois conceptions de l'écriture, entre lesquelles ses personnages oscillent.

Le premier modèle d'écriture, c'est celui qui donne argent et célébrité. C'est en gros cette conception que Marise et Jacques présentent à François.

C'est d'abord comme un enjeu économique que Marise voit l'écriture : *Si des gens lisent ton livre, ça va te faire de la publicité, une baptême de publicité comme c'est pas souvent qu'on en voit dans le commerce des patates* (p. 28). Le signe le plus évident de la réussite est alors la vente des textes au cinéma (p. 29). Ce rapprochement entre littérature et cinéma est important : pour Godbout, qui y reviendra plus nettement dans *D'Amour P.Q.* et dans *Une histoire américaine,* ce genre de littérature est du spectacle. Mais l'idée est déjà bien explicitée dans *Salut Galarneau!,* avec un beau jeu de mot sur *façade* : Jacques habite *une maison de scripteur, de commentateurs, de call-girls, tous des gens de spectacle. Ils soignent leur façade* (p. 113).

Dans cette hypothèse, l'écriture se donne évidemment des objectifs qui se situent en dehors d'elle-même. Et pour Marise, le second objectif de l'écriture — après la richesse — est bien la conquête d'un statut social : *être quelqu'un,* asseoir sa réputation, fréquenter le beau monde (p. 28, 57).

Sur le plan des techniques d'écriture, une telle stratégie suppose évidemment l'utilisation de formules éprouvées : l'écrivain commercial recourra à des genres paralittéraires convenus, comme le roman policier ou le roman sentimental (p. 57).

Cette pratique suppose une certaine relation entre l'écrivain et le lecteur. Pour le premier, pratiquer l'écriture n'est ni un art, ni une vocation personnelle, ni une mission sociale : c'est soit une pose (p. 57), soit une source de revenus. Et, dans le meilleur des cas, quand elle échappe à l'ennui (p. 35), l'œuvre qu'il propose au lecteur ne pourra avoir qu'une seule fonction auprès de ce dernier : la distraction (p. 87).

Ce type d'écriture est évidemment aliénant. Et à partir du moment où il devient plus lucide, François n'hésite pas à le dénoncer comme une forme de prostitution : il reproche à son frère Jacques d'écrire *des discours à deux cents piastres la shot. Peu importe le parti* (p. 87).

Il faut noter ici le rôle ambigu joué par le personnage de Jacques — un homonyme de l'auteur —, cet *écrivain professionnel* qui, à se tenir à une lecture superficielle du roman, semble essentiellement jouer le rôle d'un technicien (en acceptant de corriger le manuscrit de François, p. 35, 57, 87, 153, et en lui donnant des consignes, p. 81). Ambivalent Jacques ! Frère bien-aimé, mais qui causera à François la plus grande souffrance en lui volant sa compagne…

D'un côté en effet, Jacques abonde à plusieurs reprises dans le sens de Marise : écrivain-carriériste depuis toujours (p. 15, 45), il gagne beaucoup d'argent (p. 58) en écrivant pour les grands médias (p. 29, 57-58), et n'hésite pas à se prostituer, comme on l'a vu. Jacques est ainsi victime d'un double impérialisme culturel : par son statut et son mode de vie, c'est un *écrivain américain,* et par sa formation, c'est un écrivain trop *français.*

Mais d'un autre côté, son rôle est aussi positif. Et cela à un triple point de vue. Lui-même a la nostalgie de la « grande littérature ». Ensuite, il joue un rôle important dans la formation de François : il le fait lire ; il l'assomme certes parfois avec des livres ennuyeux (p. 83), mais il lui offre aussi des lectures stimulantes. Dès le début du roman, dans une correspondance qui compte beaucoup aux yeux de François, il montre à ce dernier la voie de la libération (p. 15-19). Enfin, Jacques se sépare de Marise sur le point suivant : il conseille à son frère de ne pas suivre servilement les modèles littéraires qui s'offrent à lui, mais de chercher l'inspiration en lui-même et dans le monde qui l'entoure. De faire à son idée. En cela, il le pousse dans la voie de la seconde écriture, qui consiste à tenter de se retrouver soi-même.

C'est bien à cette démarche, que connaissent tous ceux qui écrivent leur journal intime, que François Galarneau se voue au long de son récit.

Une telle écriture est tout entière tournée vers l'individu écrivant, et non vers la société. Il s'agit cette fois de *faire l'inventaire de son âme* (p. 59) et de revivre une seconde fois ce qui a été vécu : *Quand on écrit quelque chose qui nous est arrivé, c'est comme si on le vivait une fois encore avec toutes les émotions, presque* (p. 107).

Dans le meilleur des cas, il s'agit de voir plus clair en soi, d'opérer un travail personnel de purification, voire de trouver des raisons de vivre. D'où le bonheur que l'écrivain y éprouve : bonheur tellement fort qu'il voudrait le voir partager par d'autres et décréter *l'écriture obligatoire* (p. 73). Écrire n'est pas méprisable, parce que cela peut constituer une manière d'échapper à la perspective d'être malheureux parce qu'on est pauvre et peu instruit, ou d'être heureux parce qu'on est riche et instruit (p. 44) : une manière d'être heureux bien que l'on soit pauvre et peu instruit.

Dans ce type d'écriture, plus aucune norme stylistique ne s'impose à l'auteur. Puisqu'il n'a plus de comptes à rendre à un public ciblé avec précision, il est libre, comme Galarneau l'est avec ses cahiers. Cette écriture-là est donc susceptible d'être plus créatrice que l'autre, et dès lors d'introduire à la « grande littérature ».

Mais cette pratique de l'écriture, qui donne lucidité et pénétration, est au total aussi aliénante que la première. Car elle coupe l'écrivain des autres et de la vie.

Première coupure : l'écrivain se suffit à lui-même, et n'a plus besoin de lecteur extérieur. Cette autosuffisance était d'ailleurs implicitement présente dès le début : *Pense pas à ceux qui vont te lire* (p. 58). Mais ce conseil de Jacques n'implique pas que l'on refuse de se faire lire ! C'est pourtant ce que François finira par faire. Lui qui présentait ses poèmes à la clientèle refuse de laisser Marise lire ses pages. Et il finit même par récuser son frère, à qui il envisageait pourtant de soumettre son livre (p. 114).

Cette première coupure d'avec les autres peut déboucher sur une seconde coupure, plus grave : une coupure d'avec toute la vie. *C'est drôle : plus je travaille* — notons que François parle à présent de travail à propos de son écriture —, *plus je me retire, moins je suis capable de parler, c'est comme si je vivais dans les cahiers, que je ne pouvais plus vivre pour vrai, comme toi dans ton uniforme* (p. 108). Il y a là, assurément, comme une sorte de paradoxe, que Godbout exprime dans les pages 107-108 : revivre la chose est certes avoir avec elle le contact le plus étroit qui soit ; mais au même instant, parce qu'elle manipule des signes et non des choses, l'écriture instaure une distance infranchissable entre l'écrit et le réel. Même si elle peut passagèrement atténuer des souffrances (*Si Marise est blessée pour vrai, dans mes cahiers elle est encore vivante*, p. 108), cette mise à distance du réel, de la vie, est insupportable à Galarneau.

Aliénante, écartelante, cette deuxième forme d'écriture mènera très logiquement François à l'hallucination (ses cahiers le suivent, le rattrapent, le sollicitent, p. 73), et même à la maladie, voire à une sorte de schizophrénie. Dans les chapitres 10 (T) à 13 (G), les progrès de la fièvre sont clairement mis en rapport avec l'écriture : François se félicite de voir son mal être remplacé par *la fièvre d'écrire* (p. 81). Il y a donc une écriture qui mène à la maladie, à la solitude et à l'enfermement, un enfermement au bout duquel il ne peut y avoir que la mort.

À cette écriture de repli sur soi et de coupure avec la vie, on peut opposer une écriture qui tient compte des autres et de la vie sans pour autant devenir commerciale. C'est cette littérature que François tentera de définir dans les dernières pages de ses cahiers, en inventant le mot-valise « vécrire » : il s'agit cette fois de ne pas devoir choisir entre une vie qui exclut l'écriture et une écriture qui exclut la vie.

Que serait la « vécriture » ?

En tout premier lieu une écriture qui ne méprise pas son public, et qui suppose même, comme la première, une certaine reconnaissance de la part de celui-ci. Mais dans cette perspective, écrire n'est plus s'attacher un public qu'on exploite et méprise : c'est constituer un groupe de pairs, libres et égaux. Groupe certes diffus et morcelé, mais cohérent et consistant. Voilà sans doute pourquoi Godbout mobilise la figure de la famille, une famille élargie, qui regroupe les individus par-delà les générations et les différends : le public de Galarneau, c'est *Jacques, Arthur, Marise, Aldéric, maman, Louise et tous les Gagnon de la terre* (p. 158).

Toucher son public, c'est aussi adopter des techniques acceptables par celui-ci. Et, prêchant d'exemple, c'est cette écriture que Godbout a mobilisée dans son roman.

« Vécrire », c'est aussi faire l'expérience d'une liberté totale. À partir du moment où l'on respecte son public, que les signes donnent prise sur les choses, cela n'est plus une simple illusion.

Cette écriture-là ne s'oppose pas totalement à la seconde. Il s'agit bien plutôt de partir de la seconde pour lui donner un nouveau sens. Ce qui le prouve, c'est qu'elle n'est pas vraiment réalisée dans le roman : nous n'avons pas de troisième cahier, où François se décrirait écrivant en même temps qu'il vivrait ! *Cette troisième écriture n'est présente dans le roman qu'à titre de programme.* Et comment Galarneau commence-t-il l'exécution de ce programme ? En offrant les cahiers qu'il a déjà écrits à son public. Ce n'est donc pas dans l'acte d'écriture lui-même que réside la différence entre les deux projets : c'est dans l'usage qui est fait de l'écrit.

D'autres passages du roman confirment que la « vécriture » entretient un rapport dialectique avec la seconde façon d'écrire : à la page 108, *vivre dans les cahiers* éloigne de la vie, mais, page 157, s'y étaler et s'y rouler y ramène.

Vécrire, c'est donc faire une synthèse. Une synthèse si neuve qu'elle ne peut s'exprimer qu'à travers un néologisme. « Vécrire », expliquera Godbout lui-même, « c'est refuser de s'enfermer dans l'écriture pour elle-même, comme une sorte d'abstraction, et c'est refuser de s'enfermer dans la vie pour elle-même, en toute réalité, et refuser d'en faire un objet de transformation. C'est à la fois marcher et savoir que l'on marche. »

Ce que cette écriture a de spécifique, c'est qu'elle tente de conjuguer, en un équilibre délicat, plusieurs choses que la littérature peine parfois à associer :

a) l'observation de soi, que Galarneau n'a cessé de mener en écrivant ses cahiers ;

b) l'observation des autres, que Galarneau n'a également cessé de mener en se montrant « ethnographe » et « anthropologue » ;

c) le fait de prêter voix à ces autres, ce à quoi tend le projet stylistique de Godbout (« Pour que tout le monde parle, il faut parler comme tout le monde », dira Godbout en 1975) ;

d) l'utilisation de cette voix de manière à lui faire exprimer non seulement ce qui est, mais aussi ce qui pourrait être, et puisse donc affirmer le désir du changement (*Nous avons trop aimé, trop pardonné, c'est pas une façon de vivre, c'est encore moins une façon d'écrire un livre*, p. 25).

Tout cela est livré dans une des images les plus fortes et les plus importantes du livre : celle où Galarneau exprime la possibilité de vivre à la fois le dialogue et la solitude du créateur, la maîtrise qu'il a de son texte, en même temps que la liberté de le modifier qu'il laisse à son lecteur : *Au fond, ce qui serait honnête, ce serait de remplacer le mur de ciment par un mur de papier, de mots, de cahiers : les passants pourraient lire ou déchirer, et s'ils déchiraient mes pages nous serions enfin face à face ; écrire, c'est ma façon d'être silencieux* (p. 137).

En ce sens, l'écriture, qui met en contact avec l'autre, est un trajet, est aussi un voyage (*Je fais mon sentier comme une mule. Je fais l'inventaire de mon âme*, p. 59). Et elle joue un rôle initiatique. Ce n'est sans doute pas un hasard si la parabole du mur de mots survient immédiatement après le récit de la grande cérémonie initiatique du chapitre 24 (D).

La « vécriture », le statut et la mission de l'écrivain

Vécrire, c'est sans doute ce que Godbout, dans un entretien, traduira de la manière suivante : *N'aie pas honte de ce qui t'entoure et de ce qui t'a nourri. Cherche à en faire de la littérature, si c'est cela qui t'appartient.*

Un tel projet, pour banal qu'il apparaisse, est ambitieux. Il mobilise en effet plusieurs problèmes éludés par les deux premiers projets qui s'offraient à Galarneau : *a)* la question de la langue, *b)* celle du rapport au lecteur, *c)* celle des valeurs que l'on va assumer.

Tout d'abord, il s'agit pour l'écrivain de ne pas refuser l'articulation entre son art et le monde, même quand celui-ci est un peu kitsch. Il s'agit ensuite de ne pas refuser un contact égalitaire avec les autres, de ne pas refuser ses responsabilités sociales. L'écrivain authentique, que Galarneau tente aussi d'incarner, ce n'est pas celui qui renforce ses marginalités pour en tirer avantage, c'est celui qui s'efforce sans cesse de les résoudre. Godbout propose ainsi un modèle bien différent de celui qu'on trouvera chez ses grands contemporains, comme Réjean Ducharme ou Marie-Claire Blais.

En se posant ces questions, l'écrivain change de statut. En abandonnant les mots propres, il accepte de se salir les mains. Non qu'il apporte sa pierre à une « littérature engagée », comme ont pu le croire quelques critiques prompts à partir à la chasse au gauchiste. Comme on le verra, Godbout prend avec cette littérature la distance de l'ironie.

Souvent, l'écrivain est présenté comme un notable. L'écrivain type est un noble, ou un intellectuel, ou encore un ancien ministre se reposant de ses tâches. Et quand il n'est pas notable, c'est un pur marginal, que sa marginalité même rend inoffensif aux yeux de la société : c'est la figure du poète maudit, bien illustrée par Rimbaud — que Jacques et François nous rappellent au chapitre 1 (A). Dans *Salut Galarneau !,* l'écrivain est au cœur même de la société : il est commerçant (comme l'est devenu Rimbaud, p. 19). Et ce commerçant fait le commerce de ce qui est le plus nécessaire aux hommes : la nourriture. Et la nourriture sous sa forme la plus quotidienne, la moins raffinée : François est marchand de hot dogs. Nous reviendrons sur tout ceci lorsque nous parlerons de culture pop. Voilà en tout cas contesté le rituel de l'écriture, et justifié l'accent qui est mis sur les instruments matériels de l'écriture : écrire est un travail, on écrit avec ses mains ! (*À chaque instant, j'essuie mes paumes sur mon tablier; sans bière glacée, je crois bien que je n'arriverais jamais à écrire*, p. 24).

La « vécriture » dans l'histoire littéraire

En se posant la question « pour quelle écriture opter ? », l'écrivain se demande du même coup quelle va être sa place dans l'ensemble de la littérature.

Or, pour l'écrivain de langue française, les solutions ne sont pas infinies. Il a, en gros, le choix entre une littérature pour tous et une littérature pour quelques-uns.

Nous avons déjà mentionné ces deux pôles en soulignant que, tenant un journal, François tente de se tenir à distance égale des deux modèles possibles de l'écriture « diariste » que sont Anne Frank et André Gide.

D'un côté, la grande littérature. La « littérature française » telle qu'un « écrivain de province » (titre d'un essai de Godbout) se la représente : celle « de Paris ». La caractéristique de cette littérature est sans doute d'être coupée de l'histoire et de la société. Impuissante, elle cherche son inspiration dans la création des autres. Elle est pleine *d'adjectifs qualificatifs, de temps, de lieu, d'ennui* (p. 35), nous dit François. Car il la connaît, Galarneau, cette littérature. Notre marchand de frites a ce qu'on appelle des lettres (ne compare-t-il pas Marise à *la George Sand de Musset*, [à] *la Simone de Beauvoir d'un Jean-Paul Sartre* (p. 29) ? Godbout aussi la connaît, et il peut d'ailleurs parfaitement la pasticher : l'auteur de *L'Aquarium*, en qui certains ont vu le représentant québécois du nouveau roman, peut, s'il le veut, illustrer le style « la-cafetière-est-sur-la-table » dont on a fait la grande caractéristique de cette école. Il s'agit de montrer la vanité de l'écriture en se perdant dans un luxe de détails apparemment exacts mais qui diluent l'objet dans la description et rendent en définitive impossible toute représentation du réel (voir, p. 35, la description d'une table).

De l'autre côté, la littérature rentable, à grand spectacle. Et à l'image d'une « littérature française » se substitue ici celle d'une « littérature à l'américaine », symbolisée par ce *Reader's Digest* plusieurs fois évoqué dans le livre. C'est à cette littérature que se voue Jacques Galarneau, non sans ambivalence, comme on l'a vu. La première littérature condamne à l'isolement ; celle-ci mène droit à la prostitution.

Il y a sans doute moyen, plaide Jacques Godbout avec *Salut Galarneau !,* de sortir de cette alternative. Il y a sans doute place pour une littérature qui serait action, et qui serait action à dimension collective. En cela, le roman est bien de sa décennie, qui est celle de l'art-action et du refus du non-figuratif. Godbout décrit cette littérature-action comme un acte de conscience grâce auquel le personnage se défend contre ce qui l'entoure. Et une manière de se défendre, c'est intégrer ce qu'il refuse dans une création : en faire objet d'écriture.

Le roman du Québec

La critique et les lecteurs ont unanimement reçu *Salut Galarneau !* comme une parabole mettant en scène l'histoire du Québec et de sa société. Cette lecture du roman a été proposée dès sa parution. Et c'est encore celle que la critique fait majoritairement aujourd'hui, parfois au risque de restreindre la portée de l'œuvre.

Il est de fait que les signes de la préoccupation pour le destin du Québec abondent dans le roman. Nous en avons déjà rencontré un certain nombre : présence constante de l'histoire et de l'actualité du Québec dans le texte, présence de débats moraux et littéraires proprement québécois, thèmes quotidiens québécois, refus énergique de la société québécoise traditionnelle. Il y a aussi, en certaines pages, de véritables amas de signes renvoyant à la terre, à la culture, au climat québécois. Par exemple page 66, quand François décrit sa géographie sentimentale. Nous rencontrerons encore par la suite maintes traces de cette préoccupation. Par exemple en étudiant l'ancrage linguistique québécois du livre.

Les personnages et les lieux

La critique a noté à maintes reprises qu'avec *Salut Galarneau !*, pour la première fois dans l'œuvre de Godbout, un héros avait un nom, un état civil et une famille. Et c'était pour souligner aussitôt la québécité de ce personnage.

François Galarneau a en effet souvent été décrit comme le Québécois moyen. Issu des couches inférieures de la classe moyenne, il fait des petits boulots dans le secteur tertiaire : la vente, la construction, la restauration. Son statut modeste contraste avec celui de ses frères, qui ont mieux réussi. Son instruction est religieuse, évidemment, et il n'a pas été loin dans sa formation. Bref, un dominé, comme le rappelle ce passage déjà cité : *Dès ma naissance, ils savaient que je glisserais dans un trou sans demander mon dû, ma joie, ma place* (p. 74). La dédicace à Maurice Nadeau est aussi, on l'a vu, une manière de souligner l'importance que jouent les milieux modestes dans le texte.

Il faut aussi noter que François est orphelin : ceux qui lui ont donné le jour se sont soustraits à lui. Le père, par sa mort ; la mère, par son départ vers les États-Unis puis vers la folie. Une certaine critique pourrait y voir une parabole du Québec, laissé seul en Amérique à la fois par la France et la Grande-Bretagne.

Milieux modestes, disions-nous. Car ce n'est pas que du seul François qu'il s'agit ici : *Salut Galarneau !* nous présente toute une petite société, une véritable comédie humaine.

Tout d'abord, c'est peu dire que François Galarneau a une famille. On ne nous laisse rien ignorer des subtiles ramifications de celle-ci : il y a d'abord le père Galarneau, dont le nom nous restera mystérieux, et Marise Galarneau, mère et lectrice noctambule ; puis les deux frères, Galarneau Arthur, ancien du Séminaire de Sainte-Thérèse, et Galarneau Jacques, ancien étudiant à Paris et écrivain professionnel ; du côté des ascendants : l'oncle Léo Galarneau, taxidermiste, sorte de statue du commandeur, ou de monstre du Loch Ness (on en parle toujours et on ne le voit jamais), et surtout Aldéric Galarneau, le grand-père, qui n'a eu comme rejeton que le père de François, Jacques et Arthur. À côté de ces Galarneau, leurs compagnes et compagnons : ainsi Jeannine, compagne de Jacques à Paris. Auprès de François, il y aura Marise Doucet, mais aussi toute sa nombreuse famille. Il y a aussi Nicole, l'amie de Marise. Autour de Louise Gagnon, première femme de François, une autre galaxie plus sombre gravite : Éloïse, la reine-mère, Louis-Joseph Gagnon, grand-oncle de Louise et tenancier d'un magasin d'appareils ménagers, *Gagnon Electrical Appliances,* Charles Gagnon, le boss de *Gagnon Furnitures,* Eusèbe Gagnon, marchand de biens, Georges Gagnon, peintre en bâtiment, Arthur Gagnon, le plombier de la bande, et Louis-Joseph, aux activités mal définies. Dans le lointain, s'agitent les seconds rôles. Comme Dugas, l'entrepreneur qui aide François dans son emmurement, le chef pompier Beaupré, ami du père Galarneau, Alfred, le policier. Puis, derrière eux, des figures plus falotes, comme tante Rita, accotée avec le vieux McDonald, comme Paul Godin, le camionneur de Canada Packers, vieil ami de François et de ses frères, comme la veuve Chaput, une connaissance d'Aldéric à Montréal, Peter et Susan O'Mailey, les deux petits Chinois amis des Galarneau, Hénault, le pharmacien anglomane, Maurice Riendeau, l'assistant-gérant de Merril Finch Insurance… Derrière eux encore, un certain nombre de figurants : Mc Kenna et Hamel, fleuristes de leur état, Tchen Chow, le restaurateur chinois, et d'autres encore qui n'ont pas de nom : le ramasseur américain, les mauvais garçons… Mais il y a encore et surtout quelqu'un d'important, que la critique semble avoir ignoré : Martyr, le cheval bien nommé.

Parmi tout ce monde, il y a certes des solitaires. Au premier rang desquels il faut compter Martyr. Mais il y a surtout un peuple. C'est-à-dire un ensemble de collectivités soudées et enracinées. Du côté de Marise, côté face, on nous précise bien : *C'est une Doucet, des Doucet de Lanoraie, près de Berthier, en face des grèves de Contrecœur* (p. 79). Du côté de Lévis, côté pile, on nous précise que *quand on épouse une Gagnon, c'est la tribu qui dirige* (p. 100), et on nous décrit cette tribu comme une toile d'araignée.

Une société complète donc, avec ses braves gens, ses brutes dont la simplicité confine à la violence, ses utilités, ses déviants, et ses petits commerçants à la limite de l'escroquerie. Ou plutôt une société moyenne : il y manque les extrêmes. D'une part les vrais puissants, tenus à distance par le récit, et de l'autre les vrais exclus, dont le sort ne nous parvient que par le biais des médias.

Moyenne, cette société n'est certes pas unanime, ni homogène ! Elle est fréquemment montrée comme déchirée, voire écartelée. La critique a beaucoup insisté sur le rôle symbolique que jouerait la raison sociale du commerce de François — *Au roi du hot-dog* — : un intitulé mi-anglais mi-français. (Encore qu'il ne faille pas voir dans ce titre une croisade contre le métissage linguistique, comme on l'a parfois fait : François assume gaiement cette bâtardise, et récuse énergiquement le purisme qui lui suggérerait d'écrire *Au roi du chien chaud*.)

Quoi qu'il en soit, le thème du double est bien présent dans le roman :

a) Tout d'abord, la mère Galarneau, qui lit des romans-photos italiens et des comics américains, est décrite comme vivant *une culture de l'esprit mi-européenne, mi-américaine* qui a beaucoup déteint sur la famille (p. 70).

b) Par ailleurs, les deux autres frères Galarneau incarnent le caractère bicéphale du Québec traditionnel : Arthur représente la dimension religieuse de la culture québécoise, et Jacques la dimension française de cette culture.

c) D'autres personnages sont aussi représentés comme doubles, bicéphales si l'on ose dire dans ce cas-ci. Ainsi, le colonisé Hénault a *une couille peinte en Union Jack, l'autre aux armoiries du pape* (p. 59) : autre dualité du Québec traditionnel.

Les héros des précédents romans de Godbout n'avaient pas d'identité ou d'état civil bien net, et ces romans eux-mêmes se déroulaient dans un espace flou et lointain. *Salut Galarneau !*, lui, cadastre un espace proche et bien défini, d'ailleurs nommé dès la première page du récit : c'est le Québec. Mais ce Québec est encore vu et défini par les Autres, visité qu'il est par ces Autres : c'est *la belle province, la différence, l'hospitalité spoken here* (p. 13). Dans tout le roman, la toponymie est bien québécoise (voir par exemple p. 66, 76 ou 79).

Le premier voyage de François le fait partir de la région de Montréal vers Québec. S'ouvre ainsi un espace délimité par les deux centres du Québec, l'économique et le politique. Mais, et on y reviendra, Galarneau n'atteint pas la capitale, pas plus qu'il ne rejoindra par la suite le centre de Montréal.

Ensuite, ses aventures rayonneront à partir d'un centre : un stand de hot dogs dans l'île Perrot. Cet emplacement est doublement significatif. D'une part, on se trouve non loin de l'Ouest anglophone montréalais, mais dans une région également peuplée par des francophones. D'autre part, on est à la fois dans une île et à proximité de grands axes routiers, qui mènent autant vers la capitale fédérale, Ottawa, que vers Toronto, la métropole économique, et vers les États-Unis. L'insularité est une manière de renvoyer à la singularité québécoise, et la situation en bordure de route insiste sur le rôle de carrefour que joue le Québec.

Significatifs sont aussi les lieux occupés par François.

Avant ses aventures, notre jeune orphelin québécois habite une modeste chambrette dans le grenier de l'hôtel Canada, un nom qui n'est évidemment pas choisi au hasard : il y est un simple assistant-barman, et il officie dans une arrière-salle, en servant des clients qui s'amusent à ses dépens (p. 45). Étroitesse, sujétion, marginalité, fermeture : l'allusion au rapport qui s'est tissé entre le Québec et le Canada est claire (à la fin du roman, libéré, Galarneau n'abandonnera pas complètement l'hôtel Canada, mais il n'y fera plus qu'*un saut,* p. 158).

Après son premier retour, Galarneau officiera dans une cuisine roulante. Rien de plus fixe qu'un restaurant. Mais celui de François est un autobus. Un instrument qui permet de parcourir l'espace, de rencontrer l'autre. Si le restaurant est lieu de convivialité, cette vertu ne peut que se développer davantage avec un restaurant mobile. L'autobus-restaurant est dès lors une manière de concilier l'observation minutieuse, qui demande l'arrêt, et les voyages qui sont toute la passion de François (et qui sont aussi, comme nous le verrons bientôt, celle de la collectivité québécoise tout entière). Cette mobilité toute potentielle deviendra d'ailleurs effective, dans l'imagination de François. Cela commence au chapitre 10 (T). Et au chapitre 27 (A), il voit son vieil autobus retapé, muni de pneus neufs, à même de prendre l'autoroute pour mener les Galarneau vers les États-Unis, vers l'Amérique de l'épigraphe. Espaces ouverts contrastant avec les lieux clos.

Quant au mur qui isolera François lors de son second « voyage » immobile, il est le lieu de toutes les ambivalences. Le mur est en effet l'instrument de l'enfermement — et en ceci l'image relaye celle de l'île —, mais il est aussi celui de la protection contre le monde environnant. Dans *La Grande Muraille de Chine* (1969 ; avec John Robert Colombo), Godbout insiste d'ailleurs sur cette ambivalence du mur. Instrument de la séparation, le mur est aussi ici — il faut relire la page 137 — la page sur laquelle le texte va s'écrire, et donc un instrument de communication et d'échange. L'image du mur relaye cette fois celle du restaurant-observatoire mobile.

Tout ceci déborde évidemment le cadre étroit de la problématique québécoise. Comme déborde ce cadre le fait que François Galarneau restera toujours un indécrottable banlieusard.

Lors de son premier voyage, il n'atteint pas Québec, a-t-on dit : le train n'allant pas plus loin, il s'arrête à Lévis, qui n'est séparé de Québec que par le Saint-Laurent. De retour à Montréal, il ne s'installe ni sur l'île de Montréal, ni sur la rive du fleuve, mais sur une île de dimensions relativement modestes. Ainsi François n'est jamais au centre, là où les décisions se prennent et où les pouvoirs s'établissent, mais toujours à la périphérie, en banlieue.

La banlieue, peut-on noter, est le lieu idéal pour l'observation. Tout près, mais pas dedans, le banlieusard est traditionnellement un scrutateur. Dans ses déplacements pendulaires, il aiguise ses dons d'anthropologue. Portier, il voit ce qui entre et ce qui sort, sait ce qui se passe. Mais cette position médiatrice, qui affûte sa sensibilité, est aussi la source de sa fragilité. D'un côté, le banlieusard n'a pas l'assurance du citadin. De l'autre, il n'a pas les certitudes du rural. En ceci François Galarneau, anthropologue derrière son comptoir, incarne bien un Québec banlieusard.

Le roman de la formation collective

Si *Salut Galarneau!* est un Bildungsroman dont le héros est un certain François Galarneau, et si ce dernier incarne la collectivité québécoise, alors on peut en déduire, de manière quasi automatique, que *Salut Galarneau!* est le Bildungsroman de la société québécoise. Ce qui expliquerait évidemment une partie de son succès.

L'élargissement du thème de la formation à toute une collectivité n'a rien pour nous étonner. On a bien souligné le fait que, en général, le Bildungsroman avait une valeur métaphorique : le héros et le monde qui l'entoure incarnent des valeurs particulières ; ses aventures permettent ainsi à l'auteur de rompre avec certaines valeurs et d'en construire de nouvelles. L'affirmation de l'identité personnelle, qui se formule tout au long de l'aventure, est donc aussi affirmation d'une identité collective.

Dans quel sens précis va cette affirmation ? La chose n'est pas décrite avec netteté dans le texte. En effet, puisque le héros du Bildungsroman se construit peu à peu, les valeurs vers lesquelles il tend ne sont pas données au départ : elles s'élaborent et se formulent progressivement.

Nous constatons d'abord que c'est sans peine aucune qu'il est possible d'appliquer au Québec ce qui a été dit du personnage.

De même que le héros est jeune, le Québec est jeune.

À travers les multiples ruptures que vit François Galarneau, le Québec est invité à rompre avec tout ce qui, dans son passé, pèse sur son bonheur et sur son développement.

Le thème du voyage, très présent dans le livre, est souvent mis en rapport avec le Québec. Les deux plus beaux exemples de cette mise en rapport se trouvent sans doute au chapitre 13 (G) et dans l'épigraphe.

Au chapitre 13, Marise — dont l'enracinement a été fortement souligné — est présentée comme une fille de voyageurs : dans sa famille *les hommes sont tous pilotes, de vrais mariniers* (p. 79). Or, les mouvements des membres de cette famille bien québécoise sont clairement mis en rapport avec le Québec, son histoire et sa géographie. En effet :

— tout voyage d'un Doucet commence et se termine en des lieux forts du Québec (*Ils montent à bord d'un cargo ou d'un paquebot, en vue de Québec ou dans le lac Saint-Pierre, et ils ne l'abandonnent que lorsqu'il jette l'ancre le long des quais dans l'est du port de Montréal,* p. 79) ;

— tout voyage d'un Doucet le fait passer devant la maison familiale, et la grand-mère le salue en hissant le pavillon national québécois ;

— ces passages concernent non des individus isolés, mais toute une collectivité : non seulement la formidable tribu Doucet (*Ils sont cinquante-deux Doucet, trois générations dans la maison de bois,* p. 80), mais tous ses voisins (*le village s'ébroue,* p. 80).

L'épigraphe, le lecteur s'en rappellera, affirme que l'Amérique — cette Amérique où se trouve le Québec — est une folie qui prend corps et qui dure. Muni de la clé qu'est l'épigraphe, le lecteur est invité à suivre le héros dans ses voyages symboliques, et à faire lui-même la folie de certains voyages mentaux pour construire à son tour un nouveau monde.

L'important dans les romans de formation, a-t-on souligné à plusieurs reprises, ce sont surtout les retours. Le héros, transformé, revient à son milieu d'origine et noue avec lui de nouvelles relations.

Lors de son premier retour, François croit retrouver un certain bonheur dans l'univers qui a été le sien jusque-là, cet univers très québécois dont Marise est la représentante. Mais, même s'il débouche sur l'amour, ce premier retour n'est pas tout à fait satisfaisant. Il débouchera sur un déséquilibre que renforcera le voyage de l'écriture. La véritable libération ne viendra, comme on l'a vu, qu'avec l'épreuve de l'emmurement.

Or, il faut observer les nouveaux rapports que François noue avec son univers à la suite de cette purification. Toutes ses rancœurs s'évanouissent.

En effet, lorsque vous avez été soulagé de ce qui vous opprimait, il n'est plus dangereux d'envisager pour vôtre même le passé qui a pesé sur vous. Car vous lui devez une part de vous-même. Libéré, François peut donc « se souvenir » sans danger. Et il est significatif que les premiers interlocuteurs qu'il envisage après sa famille et Marise, ce soient, comme on l'a vu, les Gagnon (p. 158). Ces Gagnon qui symbolisaient certes tout ce que refuse François — la radinerie et la bigoterie —, mais qui sortent eux-mêmes transformés de la transformation de François.

Cette nouvelle donne se retrouve aussi dans les rapports que François entretient avec ses frères. Ces rapports sont nécessairement ambigus (comme le savent d'ailleurs tous ceux qui ont eu des frères et des sœurs) : le frère est le plus proche confident, mais c'est aussi le plus redoutable concurrent. Dans les aventures de François Galarneau, le lien fraternel est rompu par deux trahisons : le refus de venir en aide à celui qui en a besoin (trahison d'Arthur) et — transgression d'un véritable tabou — le vol de la femme aimée (trahison de Jacques, Jacques dont on a déjà noté le caractère ambigu). Eh bien, malgré le caractère exceptionnellement grave de ces trahisons, c'est vers la cellule familiale que François se tourne à la fin. Non qu'une certaine fidélité qui rend esclave de la famille ait été plus forte que la rancune : c'est tout simplement que sa propre transformation permet dorénavant à François de n'être plus victime.

Le retour, dans le mouvement qu'est la formation, c'est donc plus qu'un nouveau rapport à soi-même. C'est un nouveau rapport aux autres. Intéressant à cet égard est le passage où la domination sur les choses est mise en parallèle avec la maîtrise sur soi-même. Partant du thème de la « vécriture », François se met à parler du dictionnaire, et par pur « hasard » (!), il tombe sur l'article DOMINER (p. 157). C'est pour y souligner les acceptions suivantes : *avoir une puissance absolue, se trouver plus haut, s'élever au-dessus de,* et faire ressortir l'existence de la locution *se dominer.* Le retour est bien cela : se trouver au-dessus de l'état où l'on était auparavant.

Sur le plan de la collectivité — et Galarneau incarne cette collectivité —, tout ceci mène notamment à une certaine forme d'indépendance (l'indépendance, c'est bien la puissance absolue) ainsi qu'à un nouveau rapport à l'américanité. On a vu que Godbout décrivait la littérature-action pratiquée par son héros comme un acte de défense et de conscience. Si l'on étend ceci à la collectivité, il s'agit de résister à l'assimilation. Mais il s'agit d'aller au-delà du refus : mis à l'abri de cette assimilation — grâce à des murs franchissables —, on peut entretenir avec l'américanité un rapport désormais sans complexe.

Ainsi, *Salut Galarneau!* apparaît comme un roman essentiellement optimiste. Il veut croire en une ouverture vers un avenir qui doit s'éprouver en se faisant, un avenir qui ne peut être tenu pour acquis.

Autres thèmes

Nous avons dit à maintes reprises qu'il ne fallait pas réserver au seul Québec les idéaux de liberté et d'équilibre de François Galarneau. Nombreux sont dans le roman les signes qui mettent la destinée du héros et de son clan en relation avec celle de l'humanité tout entière. C'est ce qu'on peut appeler l'universalisation. On a vu, par exemple, que le voyage, pratique bien québécoise, s'élevait à un niveau cosmique, ou encore que le public auquel Galarneau entend s'adresser est fait de *tous les Gagnon de la terre...* (p. 158), y compris, bien sûr, de ceux qui ne s'appellent pas Gagnon.

Il y a encore bien d'autres traces de ce processus d'universalisation dans le roman.

Une technique pratiquée par Godbout est de faire intervenir, à côté des personnages humains, des personnages naturels. Par exemple, le soleil.

Le soleil

Dans toutes les cultures, le soleil est l'astre qui donne la vie. Il est synonyme d'avenir et d'espoir (ici, il *couve les femmes*, il *fait éclore les enfants*, p. 140).

Or, la figure du soleil rythme *Salut Galarneau!* Elle est largement présente, tantôt discrète, tantôt forte.

Présence discrète. Par exemple, Jacques parle du soleil de Paris (*soleil de fumée, gris comme une truite, avec des côtés arc-en-ciel* (p. 16), ce qui constitue une manière de le comparer implicitement avec d'autres soleils plus familiers, dont sans doute celui du Québec. Le soleil est aussi présent dans les notations de temps (par exemple à la page 73) et dans nombre d'images (les parents Galarneau sont *chacun de leur côté du soleil,* p. 67).

Mais surtout, le soleil est présent, massivement, à travers le nom même de Galarneau, qui s'étale sur la couverture du livre. En effet, ce nom peut aussi signifier « soleil », comme la chose est expliquée aux pages 58-59. Et dans une de ses nombreuses rêveries, François s'autorise de son nom pour se donner comme le petit-fils du pirate Soleil (p. 105). Toute la famille Galarneau représente donc le soleil, ou vice-versa.

Tout ceci n'est pas sans portée sur la formule reprise dans le titre : *Salut Galarneau!* Cette formule peut en effet signifier trois choses distinctes :

a) un salut s'adressant à un quelconque membre de la famille Galarneau (c'est le cas page 58, où le salut est adressé à Jacques par François) ;

b) un salut adressé en particulier à François (comme c'est le cas à la page 27, et comme le titre — où l'on mentionne en général le personnage central du livre — nous le laisse entendre) ;

c) un salut adressé au soleil, comme à la phrase finale (p. 158), où la formule est prononcée par François.

Le soleil est ainsi à la fois proche et distant des héros.

Proche : *Il nous regarde de là-haut, mais il est de la famille* (p. 59) ; on peut s'adresser à lui familièrement (*À demain vieille boule,* p. 158), et il a les gestes ordinaires de l'être humain (il s'assied). On peut même poser l'équation soleil = François Galarneau : la tournure *on sera deux à se lire*

(p. 158) l'autorise (elle signifie ni plus ni moins que le soleil se lit lui-même. Or comme il n'y a que François qui écrit…).

Mais le soleil est aussi lointain et puissant : il « domine », et est susceptible de veiller à tout (puisqu'il lit les cahiers de François).

Puissant, cet astre supérieur n'est toutefois pas un despote. Il laisse son indépendance à ceux qu'il aide (*Tu peux continuer ton tour de terre, cela va beaucoup mieux, merci,* p. 158). Il les laisse être ses égaux.

Nous retrouvons ainsi une autre source de la tonalité optimiste du roman. Les Galarneau ne sont pas seulement une modeste famille québécoise. C'est une race lumineuse autour de laquelle gravite toute l'humanité. Et François, le modeste friturier, est le centre de cette galaxie. Lui qui veut vécrire, il est le frère de l'astre qui donne la vie. Ceci ne fait pas de lui un roi-soleil : il n'est qu'un individu parmi cent, mais une personne dont le destin banal montre comment l'humanité peut apprendre à se libérer (un charpentier peut bien être un rédempteur…). On commence par donner de la chaleur autour de soi, et l'on finit par donner un sens à l'humanité. C'est une des morales de ce roman solaire.

Application

Travaux et recherches

- Recherchez, dans *Salut Galarneau !*, tous les passages où il est question du voyage. Commentez-les. Analysez particulièrement les pages 79-81 et 104-105. Analysez l'emmurement de François sous l'angle de l'épreuve initiatique. Analysez l'emmurement de François sous l'angle du voyage. Recherchez toutes les métaphores qui utilisent des termes relatifs au voyage (*atteindre sa jetée, à chacun son voyage,* etc.). Forment-elles un ensemble cohérent ? Qu'est-ce que le voyage exprime dans ces images ?

- Galarneau est né dans un pays dont la culture a été pétrie d'esprit religieux. Cherchez les traces de cette culture religieuse, dans les expressions qu'emploie Galarneau (comme ses sacres), dans ses comparaisons (voir, ci-après, les passages sur l'écriture), dans ses images (p. 27), etc.

- Recherchez *a*) le récit de l'Annonciation et *b*) le texte du Credo. Quelles distorsions Godbout leur fait-il subir ?

- Relevez tous les passages où l'on fait allusion aux aspects matériels de l'écriture : stylos à bille, papier, carnets, cahiers, lettres, caractères typographiques, etc. Relevez systématiquement les allusions aux lectures de François Galarneau. Quelle idée cela donne-t-il de sa culture ? Ces lectures cadrent-elles avec l'idée que vous vous faites d'une marchand de frites ? Pourquoi ?

- Relevez toutes les traces du thème du double dans *Salut Galarneau !* Comparez le traitement que Godbout réserve à ce thème dans ce roman et dans *Les Têtes à Papineau.*

• Recherchez dans deux ou trois dictionnaires l'article DOMINER. Comment est construit un article de dictionnaire ? Comment Godbout a-t-il reproduit le style des articles de dictionnaire ? Comparez l'article DOMINER de la page 157 à celui de vos dictionnaires.

• Bien des thèmes n'ont pas été abordés dans l'analyse ci-dessus. Recherchez-les. Étudiez en particulier :

— le thème des animaux,

— le thème de la taxidermie,

— le thème de l'ethnographie,

— le thème de la famille (et notamment celui de l'absence du père),

— le thème des normes sociales (et notamment celui des normes linguistiques).

Le discours et les deux récits

Le roman s'ouvre en plein milieu du chemin qu'il décrit : au moment où le héros se met à écrire. Et c'est au long de notre lecture que nous reconstituons petit à petit, par divers retours dans le passé, tout le cheminement de François.

Il importe de bien distinguer ces deux points de vue : celui de la vie du personnage, et celui de la construction du roman. Pour cela, nous recourrons à la distinction entre discours et histoire, ou récit proprement dit.

Le discours, dans notre texte, c'est le propos de François lorsque nous le voyons contant son existence. Nous l'étudierons ci-après, en analysant le roman comme un journal intime. Le récit, quant à lui, est complexe : il est fait de deux narrations distinctes. Le premier récit (récit 1) porte sur le passé de Galarneau, et embrasse une période qui va depuis son enfance jusqu'au moment où il commence à écrire. Le second (récit 2) porte sur les événements survenus entre le moment où François prend la décision de se mettre à écrire et l'instant précis de leur rédaction.

L'auteur les traite simultanément, les faisant sans cesse se chevaucher. Le lecteur est ainsi amené à confondre deux temporalités bien distinctes.

Le récit 1 comporte essentiellement des événements qui se sont déroulés depuis que François, à seize ans, a perdu son père. Ce récit s'étale donc sur une dizaine d'années : une longue période qui a vu le départ de François à dix-huit ans (p. 47), le lendemain d'un 27 janvier mémorable (p. 47), son arrivée à Lévis, son mariage (bien jeune…) quelques mois après, l'ouverture de son premier restaurant (le 31 juillet, fête de saint Ignace, p. 101), son retour en février (p. 103), sa mise en ménage avec Marise deux ans avant le début du récit 2…

Le récit 2 embrasse une durée beaucoup plus courte : deux mois environ : le chapitre 2 (U) est rédigé un trois août. Trois grosses semaines s'écoulent, qui nous mènent jusqu'à la fin du premier cahier ; puis, après trois semaines de réclusion (p. 149), François rédige son dernier chapitre le 18 octobre, jour de son vingt-sixième anniversaire (p. 155).

Ces deux récits sont en quelque sorte enchâssés : le second inclut le premier, puisque dans les matériaux du second figure l'écriture de François.

Mais les éléments des deux récits sont distribués au long d'un seul et même discours : celui du roman que le lecteur tient entre les mains. De sorte qu'ils s'entrelacent étroitement. Le passage de l'un à l'autre est parfois subtil. Par exemple, le premier chapitre s'ouvre sur un fragment du récit 2. Mais aussitôt on passe insensiblement au récit 1 par le biais d'un changement de temps : François nous parle du thème de l'éducation, au temps présent — et ceci relève du récit 2 —, mais le présent alterne avec les passages au passé composé (p. 13) et à l'imparfait (p. 14) ; et ceci nous achemine vers le récit 1, auquel le reste du chapitre sera consacré. Le chapitre ne reviendra au récit 2 que dans un bref passage (p. 19), puis dans les trois dernières lignes (p. 21). Chaque chapitre, ou presque, peut faire l'objet de pareilles remarques.

L'entrelacement des deux récits a des conséquences non négligeables sur les valeurs symboliques que l'on peut accorder aux éléments de ces récits. L'auteur peut en effet se permettre de faire voisiner divers épisodes dans le même espace de discours. Ainsi, on l'a déjà vu, emmurement et épreuve initiatique voisinent dans un même chapitre du livre (24, D) : ceci souligne fortement le rapport entre les deux épisodes, et leur caractère commun d'épreuve initiatique. On pourra aussi constater que les deux trahisons vécues par François coïncident : celle de Louise, contée au chapitre 17 (O), est enchâssée dans le récit de celle de Marise, qui occupe les chapitres 15 à 21.

Par ailleurs, les durées des deux récits sont portées par la même longueur de discours. On peut donc dire que le temps du long récit 1 est condensé, tandis que celui du récit 2, plus court, est dilaté : les lecteurs de

Salut Galarneau! — nous en avons fait l'expérience — ne se rendent guère compte spontanément de la brièveté de ce récit. L'importance de l'expérience vécue par François dans le récit 2 est, nous l'avons vu, thématiquement essentielle. Mais son importance est renforcée encore, magnifiée, par cet effet de dilatation.

Le style diariste

Comment Godbout suggère-t-il que son roman est un journal?

Pas en le disant explicitement. Même si les allusions au genre du journal ne sont pas absentes, le livre s'annonce bien, on l'a vu, comme un roman…

Pourquoi, alors, est-il légitime d'y voir un journal?

Parce que son discours présente la plupart des traits stylistiques du journal : un découpage particulier, la présence de marques renvoyant explicitement à l'énonciation, les allusions à l'acte d'écriture et d'autres caractéristiques encore.

Découpage

Les petits chapitres du livre (unités de discours) sont découpés sans que cela soit vraiment nécessité par la logique du récit.

Ainsi, une même unité de récit peut être répartie sur plusieurs unités de discours. Par exemple, l'accident de Marise s'étend sur les chapitres 16 (R) à 20 (U).

À l'inverse, un même chapitre peut contenir plusieurs unités de récits relativement disjointes. Par exemple, le premier chapitre comprend : 1) une réflexion sur le tourisme, 2) une réflexion sur l'éducation, 3) la copie d'une lettre de Jacques à François, 4) un récit de la mort du père, 5) un récit de l'enterrement. Le lien logique entre ces différents éléments de récit est extrêmement ténu (sauf dans le cas des éléments 4 et 5).

Ainsi, il y a au total très peu de cas où une unité de récit coïnciderait avec une unité de discours. Un exemple d'une telle superposition nous est fourni par le chapitre 4 (O), qui narre la rencontre de François et Marise.

On peut attribuer les nécessités de ces distorsions dans le découpage, autant que la faiblesse des liens logiques, aux circonstances de l'énonciation : les pages se couvrent quand le diariste a du temps libre, et le discours n'obéit à aucune nécessité relevant du récit : il ne s'articule qu'au gré de la pensée s'élaborant dans ce discours…

Certes, on ne peut aller jusqu'à soutenir que chaque chapitre du livre corresponde à un jour d'écriture. La séquence des chapitres 16 à 20 (O, I, D, U) couvre, on vient de le voir, une seule journée. Mais le roman est bien près de cette répartition qui est l'idéal du journal : un jour = un chapitre. Démontrons-le. Au chapitre 18 (I), on apprend que Galarneau a commencé son livre *il y a trois mardis* (p. 108), le mardi étant le jour où Marise lui a acheté ses deux gros cahiers. Trois semaines, soit 21 jours ; mais c'est un vendredi que François fait cette confidence : il y a donc 24 jours qu'il écrit, et il a rédigé 18 chapitres. En gros, le compte y est…

Par le type de découpage qu'il a choisi, on peut donc dire que Godbout mime le style diariste : à chaque jour sa confidence !

Présence de marques renvoyant explicitement à l'énonciation

Un certain nombre de marques formelles renvoient au processus d'énonciation : on voit le discours de Galarneau en train de s'élaborer. Ces marques sont, plus particulièrement, tous les signes de l'autodiégèse : le « je », évidemment, mais aussi le « ici » et surtout le « maintenant ». Des mots comme « je », « ici », « maintenant » sont ce que l'on nomme des embrayeurs ; contrairement à la plupart des mots, ils n'ont pas de sens indépendant de leur contexte : ils n'ont de valeur que par rapport à la personne qui parle, au moment et au lieu où elle parle. Le temps présent peut également fonctionner comme une marque de l'énonciation.

Le lecteur de *Salut Galarneau !* bute ainsi sur de nombreux embrayeurs, fonctionnant comme autant d'allusions au temps de l'écriture vécu par Galarneau. C'est particulièrement le cas dans les débuts et dans les fins de chapitre. Débuts de chapitre, et même début de roman : dès la deuxième phrase, on tombe sur un *aujourd'hui* (p. 13). On n'a aucune peine à aligner les exemples : *aujourd'hui* (p. 73, 125, etc.), *ce matin* (p. 118). Moins fréquentes, mais aussi significatives, sont les marques de l'énonciation en fin de chapitre : *Stie. J'ai la fièvre. Je vais aller me coucher* (p. 62). En outre, de plus discrètes allusions au temps qui court parsèment le texte : *depuis dimanche…*(p. 91), *ce midi dix-huit octobre* (p. 158).

Le présent de la narration est souvent, dans *Salut Galarneau!*, un vrai présent (et non ce que l'on appelle un présent historique, qui est un passé déguisé). Le présent vrai énonce un fait au moment même où il se produit. Exemples : *Je regarde la date : ça ne nous rajeunit pas* (p. 15), *Je suis au poste* (p. 99), *Je place le gâteau sur la table* (p. 155)…

Allusions à l'acte d'écriture

Le roman commence bien par l'histoire, formulée au présent, de faits qui se déroulent au moment où le discours narratif les rapporte. Et ces faits sont vécus par celui qui les rapporte.

Par la suite, les marques de ce genre ne cesseront de se multiplier. Au moment où le roman (discours) va connaître une nouvelle division (*Cahier numéro deux,* p. 93), le récit indique que le héros a déjà terminé un cahier (p. 91). Et, comme on l'a longuement établi, le thème de l'écriture de François rythme l'écriture du roman de Godbout…

Un faux journal

On pourra encore trouver dans le roman d'autres caractéristiques du discours diariste. Mais elles ne sont pas essentielles, car on les rencontre dans maints autres types de discours. Ce sont par exemple les adresses. On voit ainsi François se tutoyer (*Tu tournes en rond, garçon,* p. 75), ou encore interpeller Marise (p. 39). Mais ces marques viennent s'ajouter aux autres pour renforcer chez le lecteur l'impression d'être face à un véritable journal.

En dépit de toutes les marques que nous venons de relever, *Salut Galarneau!* n'est pas un vrai journal. Et pas seulement parce qu'il porte la mention « roman » et que nous savons que François Galarneau est né des œuvres de Jacques Godbout. Ce n'est pas un journal non plus pour des raisons stylistiques. Nous en choisirons deux.

Tout d'abord, dans un journal, l'unité de discours commence rarement par du discours direct. Or, c'est ce que Godbout n'hésite pas à faire, à peu près à la moitié de son roman ; ce discours direct est de plus en plus fréquent au fur et à mesure qu'on se rapproche de la fin : les derniers chapitres commencent par des dialogues (p. 83, 95, 107, 139, 149, 155).

Par ailleurs, le temps du journal cherche idéalement à épouser le temps des événements qui y sont relatés : ils se déroulent dans un certain parallélisme. Comme on l'a vu, ce n'est pas toujours le cas dans *Salut Galarneau!*

Ainsi, le style du roman navigue entre le journal et le roman classique.

Effets du discours diariste

Les conséquences de ce choix sont au nombre de quatre au moins : le journal autorise tout d'abord la focalisation interne ; il permet ensuite de maintenir le récit ouvert ; il maintient aussi le narrateur dans une relative inconscience ; il donne enfin à l'auteur la liberté d'opérer des transitions abruptes.

Tout d'abord, l'énonciation diariste fait qu'on a affaire, dans ce roman, à ce que l'on nomme une focalisation interne, et non à une focalisation omnisciente.

Ce que nous, lecteurs, voyons, c'est uniquement ce que voit François Galarneau. C'est lui qui sélectionne les éléments du récit. Certes le récit n'est pas homogène : il est même traversé par de multiples voix et animé par de multiples débats. Mais tous ces fragments qui font de *Salut Galarneau!* un texte relativement composite sont assumés par une seule personnalité, celle de François. Grâce à la focalisation interne, François crée donc à nos yeux sa propre vie et son propre univers.

La deuxième conséquence du choix du discours diariste est la suivante : le journal ne donne pas une forme achevée au récit. Il nous montre l'action en train de se faire ou la pensée en train de s'élaborer. Ce type de diction va bien avec la sensibilité brute qu'on s'accorde à reconnaître à François Galarneau.

On ajoutera à ceci l'effet produit par la narration intercalée que constitue le récit diariste. C'est la relative inconscience de notre personnage lunaire. Quand il narre, le narrateur ne sait donc pas dans quelle direction son récit va aller par la suite, ce que va être son terme. Ce type de diction qui laisse l'issue dans l'inconnu convient parfaitement à un récit de construction.

Spontanéité

Le discours diariste rend aussi très vraisemblables les transitions abruptes, voire cahotantes : un mot suscite une idée, et tout le propos bascule, dans une sorte de logique de la spontanéité.

Prenons l'exemple du premier chapitre. François y parle du tourisme américain au Québec, puis il passe à ce qui paraît d'abord être une longue digression sur l'éducation qu'il a reçue par l'intermédiaire d'une pensée générale : *C'est toujours bon de vérifier si l'éducation que l'on a reçue peut être utilisable* (p. 13). Ces transitions se font le plus souvent selon deux logiques : celle du semblable et celle du contraste. La première logique est à l'œuvre dans l'exemple qui vient d'être évoqué. C'est par contre la logique du contraste qui unit les chapitres 14 (A) et 15 (U) : la fâcherie avec Marise et Jacques permet d'enchaîner sur le souvenir heureux des jours que François a vécus avec ses frères dans son enfance.

Le texte n'est toutefois pas décousu. Godbout a tissé, de fragment en fragment, un réseau de répétitions qui rendent le texte homogène tout en garantissant le style spontané du discours. On pensera par exemple au *ça ne m'est pas venu tout seul* de la page 25, répété page 26. Ce maillage relie parfois des passages éloignés l'un de l'autre (exemples : l'image de la fusée, pages 63 et 80 ; celle de l'écrivain-amant, pages 29 et 82).

Mais il faut terminer en soulignant une fois de plus que Godbout fait aussi des clins d'œil entendus à son lecteur, à qui il dit « ceci n'est pas un vrai journal ». Il y a en effet des transitions parfois très savantes ou très ludiques. Ainsi, quand nous lisons *Bordel je n'ai jamais eu de mémoire* (p. 23), nous lisons la pensée que François a en tête, ou qu'il est en train d'écrire. Mais la phrase qui enchaîne est *Faut manger du poisson* : Godbout l'attribue à un client, qui ne peut évidemment savoir ce que pense ou écrit François…

Application

- Étudiez la distorsion entre unités de récit et unités de discours, sur le modèle proposé dans le passage intitulé « Découpage », plus haut.

- Repérez les marques du « je », du « ici » et du « maintenant » dans le texte.

- Étudiez l'alternance du récit 1 et du récit 2 dans d'autres chapitres que celui qui a été commenté.

- Repérez des effets de voisinage symbolique entre épisodes, rendus possibles par l'entrelacs des deux discours.

- Étudiez systématiquement toutes les transitions d'un chapitre à l'autre.

Le québécisme : une écriture de la liberté et de l'oralité

Si *Salut Galarneau !* est enraciné au Québec par maints de ses thèmes, il l'est également par sa langue.

Avec ce roman, Godbout contribue à apporter une solution au problème de la langue d'écriture dans la littérature québécoise.

Le problème de la langue d'écriture se pose pour toutes les littératures relativement jeunes, et surtout au moment où des couches nouvelles de la population sont appelées à écrire ou à lire. L'écrivain a, à ce moment, le choix entre deux solutions. Dans la première, il opte pour une langue que la tradition a rendue apte à l'expression littéraire (par exemple le latin au haut Moyen Âge). Mais il y a alors un problème : cette variété linguistique est ressentie comme étrangère par le public nouveau. Deuxième solution : l'écrivain écrit ses textes à partir de variétés linguistiques proches de celle que ce public pratique. Mais l'écueil est ici qu'on n'a pas encore utilisé cette variété dans la littérature, et que le public peut trouver cela choquant : on dit que cette variété n'est pas « légitime ».

C'est la fiction d'un marchand de hot dogs devenu écrivain qui permet à Godbout d'introduire des particularismes tout au long de son texte. Par cette « littérature brute » (comme on dit « art brut »), il brise avec ce qui a été l'habitude du roman réaliste : confiner les particularismes dans les dialogues que l'auteur attribue à ses personnages.

Les tournures et les termes proprement québécois abondent dans le texte. Ils viennent renforcer les allusions à la culture québécoise. On peut citer maints mots isolés et des locutions.

— Il peut s'agir de formes proprement québécoises comme *gernottes, filée, envoye!, snellier, trôler, britcheuses, guidoune, brunante, chenail, binerie, effoiré, casseau, biscuits sodas, chède, débarbouillette, se pacter…*

— Il peut s'agir de sens particuliers, comme dans *casser* (au sens de rompre), *brique* (pour de la crème glacée), *broche* (dans *clôture de broches*), *accoté, gruger, être rendu, vadrouille,* etc.

— On ne compte pas non plus les locutions plus complexes, comme *plancher de danse, drôle en bibite, passer un Québec, au plus coupant, être en santé, de même, tricher la saison, ils m'ont parti…*

— Le lecteur européen sera également dépaysé par certains anglicismes — un soir *off,* un accent qui *shine* — ou par certaines tournures syntaxiques : *Tu aimes ça danser* (p. 37).

— Son attention sera également attirée par les sacres — les *stie* abondent dans le texte (il y en a trois rien que dans les pages 62-63), au point d'avoir choqué certains critiques — et leurs dérivés : *c'est grand en baptême* (p. 32), *stie de plaignard* (p. 62), *des petits sacrements en scooter* (p. 130)…

Il ne s'agit pas seulement d'enraciner le texte dans la collectivité québécoise, qu'il exprime et à laquelle il s'adresse. Il s'agit aussi de donner — et ceci non sans ambiguïté — une noblesse littéraire à une langue jusque-là réputée populaire, sinon vulgaire. À l'époque de la publication de *Salut Galarneau!*, on n'a pas encore l'habitude de traiter ainsi le québécisme : *Les Belles-Sœurs* de Tremblay datent de 1968. En introduisant la tournure sans légitimité dans la langue d'écriture, Godbout met à bas les barrières qui séparent les registres stylistiques. En ceci, il est, comme maints autres écrivains, un exécuteur testamentaire de Victor Hugo, qui entendait rendre les « mots majeurs, égaux et libres ».

Il s'agit aussi de donner un style au langage parlé spontané. De ce point de vue, les nombreux *stie* ou d'autres exclamations réputées grossières (*bordel*) sont surtout là pour donner au texte une ponctuation mélodique, une musicalité.

On doit d'ailleurs noter que le discours diariste permet de généraliser le style direct à tout le roman. Celui-ci est construit à l'aide de nombreuses phrases assez brèves, rythmées par un grand nombre de tournures orales qui ne sont pas nécessairement québécoises : *ça, faut dire que ça n'était pas très différent* (p. 85), *faut naître un jour ou l'autre* (p. 158)… On peut donc dire de *Salut Galarneau !* que c'est un roman de l'oralité : un comble pour un texte qui ne cesse de parler de l'écrit !

Le coefficient d'artificialité que nous avons noté avec les transitions savantes se retrouve une fois de plus ici. Le style oral et familier de François vient parfois contraster avec un style plus écrit et plus conventionnel. Même si c'est à Arthur que l'on attribue des phrases pincées comme *Cela ne m'étonne aucunement* (p. 121), François est parfaitement capable d'utiliser l'imparfait du subjonctif (p. 71) et d'imiter toutes sortes d'écritures, comme le style convenu et ampoulé des courriers du cœur, dans la correspondance qu'il s'envoie à lui-même (p. 131-132). On verra plus loin la fonction de ce mélange.

Collages, citations : une écriture du bric-à-brac

Mélange, venons-nous d'écrire. Nous pouvons aller plus loin, et soutenir que *Salut Galarneau !* constitue un collage.

Le collage est une technique particulière pratiquée par les plasticiens. Le mot désigne une composition faite d'éléments hétérogènes, prélevés dans d'autres images (qui peuvent être — mais c'est l'exception — d'autres œuvres d'art), et collés sur un support. Parmi les collagistes célèbres, on peut citer Max Ernst, Braque et Picasso.

Le roman de Godbout est parfois fait de citations de textes qui lui préexistent et qu'il cite : offres d'emploi découpées dans les quotidiens

(p. 50-52), recette de la fondue bourguignonne (p. 84-85), annonces publicitaires de la télévision, fragments de lettres, et notamment des lettres que François s'écrit à lui-même, en pastichant le style des courriers du cœur (p. 131-132), et, bien sûr, prières détournées et slogans publicitaires...

Le jeu des citations, que permet aisément le parti pris diariste, est souvent rendu plus sensible encore par le fait que François y interpole souvent des réflexions de son cru.

Mais pourquoi ce patchwork où le propos de l'autre se voit privilégié? Sans doute pas seulement parce que tout jeu de citation demande une participation active du public à l'élaboration de l'œuvre (ce que la rhétorique nomme « figure de communion »). Peut-être l'auteur entend-il montrer qu'on n'a jamais de discours à soi, mais qu'on est traversé par des langages. C'est peut-être ce que signifient aussi les nombreuses citations en anglais. Textes rapportés de dimensions souvent modestes — *Ils viennent visiter la belle province, la différence, l'hospitalité spoken here* (p. 13), *all dressed* (p. 95), *hit and run* (p. 96) — mais qui peuvent parfois prendre la dimension de conversations entières (p. 23, 111-112, 152).

La littérature elle-même apparaît ainsi comme la composante d'un vaste bric-à-brac : *Dans mes papiers, dans mes notes, dans mes portraits, mes comptes, mes contes, mes brouillons, mes pensées, mes mots, mes poèmes* (p. 24). Ce bric-à-brac de l'écriture renvoie au bric-à-brac qu'est l'âme de Galarneau (voir l'importante page 59), comme au bric-à-brac du magasin Gagnon Electrical Appliances (p. 52), à celui d'Aldéric (p. 90), ou à l'amas de produits vantés par la publicité... Bref, François vit dans une culture où l'on est parlé.

Si Godbout le fait plaisamment participer à la culture savante, en lui prêtant des allusions à la littérature la plus légitime, son véritable univers est la culture populaire : Humphrey Bogart, Doris Day, Douglas Fairbanks junior, Kirk Douglas, Willie Lamothe, Esther Williams, le cinérama, Fred Astaire, Frank Sinatra, les Bruins de Boston, Jérémie McDuck, Batman sont ses références. Il fréquente des lieux comme chez Vito, le parc Belmont, la salle Bonaventure. Il lit Peter Cheney, les comics et les romans-photos de sa mère, *Écho-Vedettes, Life,* et bien sûr le *Readers' Digest.* Il écoute — et il n'est bien sûr pas le seul — les quizz télévisés (p. 100), l'omniprésente publicité, et la vaste voix de la « sagesse populaire », tous discours qui tendent à se confondre (p. 61).

Progressivement se dessine ainsi une civilisation de l'accumulation et de l'hétérogène. On y voit surtout des biens de consommation : le taste-freeze, les meubles chinois et — symbole tellement évident qu'on n'en a jamais souligné la portée — le hot dog. Les noms de produits commerciaux surabondent : *moutarde French ou du Ketsup Heinz 57 variétés* [sic], la mayonnaise Kraft, les raisins Sun-Maid, les *Black Magic,* le Coca-Cola et le Pepsi, les cornets *Magic,* le Nectar mousseux Christin, l'Eno's Fruit Salt, les Tums, le Jello, la toilette Crane, Florient, le purificateur d'air, les poêles Coleman, et tous les produits énumérés par les spots publicitaires que nous avons étudiés. Ce que l'on appelait alors le kitsch est partout dans l'univers de Galarneau. *Le Petit Robert* définit ainsi le kitsch : « Se dit d'un style et d'une attitude esthétique caractérisés par l'usage hétéroclite d'éléments démodés ou populaires, considérés comme de mauvais goût par la culture établie et produits par l'esthétique industrielle. »

Ce kitsch est partout : dans l'ameublement et l'habillement de maman Galarneau, dans les bureaux de chez Merril Finch Insurance (p. 115), dans l'orignal transformé en bibliothèque, dans la salle de bains idéale de François et bien sûr surtout dans le stand en aluminium *Au roi du hot dog,* avec son *comptoir d'arborite gold-feather* (p. 120) et son *néon ouvragé, tordu, avec à la place du point sur le i une couronne* à 1 230 dollars (p. 33-34 ; et pour faire bonne mesure, Godbout nous gratifie d'un calligramme kitsch…). Bien des allusions datent aujourd'hui, bien sûr, ce qui en renforce le kitsch : on ne se souvient plus guère du torero El Cordobès (p. 110), et d'autres drogues ont remplacé le LSD (p. 111)…

La réflexion sur le kitsch battait son plein au moment de la publication de *Salut Galarneau !* On y voyait une esthétique positive, mais ambiguë. D'un côté, le kitsch renvoie à la modernité. Une modernité que Galarneau célèbre de manière optimiste et enthousiaste, mais en soulignant également qu'elle mène à un univers de pacotille où règne l'illusion. Il est inséparable de la célébration — souvent attendrissante — d'un certain bonheur matériel. Mais ce bonheur matériel est fondé sur le mauvais goût et l'aliénation aux dieux de la consommation. À cette ambiguïté, Galarneau n'échappe pas : c'est celle de toute sa génération.

Calembours, comparaisons : une écriture ludique

Les comparaisons sont, chez Godbout, inventives et jubilantes : *heureux comme un homosexuel en prison* (p. 20), *pas plus de bébé au ventre que moi de Rolls Royce au garage* (p. 102), *mon roman d'amour s'était effoiré comme un pudding anglais sur un patio de briques, comme un jello qui n'aurait pas pris* (p. 103), *ma tête était vide, comme une bouteille de Ketsup après trois jours de comptoir* (p. 14)…

Souvent l'incongruité ludique est obtenue en juxtaposant un comparé et un comparant appartenant à des registres très différents. Par exemple, l'amour et un modeste objet. Voici en effet comment François décrit pour la première fois sa bonne entente avec Marise : *ça cliquait fort comme un couteau espagnol à crans frais huilés* (p. 35). À l'inverse, Galarneau n'hésite pas à associer la frite et la religion : *ça s'agglutine comme des Enfants de Marie autour d'un vicaire* (p. 55). C'est peut-être d'ailleurs le registre religieux qui est le plus mis à contribution dans ces comparaisons (*chaude comme un calorifère de couvent*, p. 24, *silencieuses comme des religieuses au cloître*, p. 113), comparaisons parfois très élaborées (*J'ai traversé la gare centrale comme un enfant de chœur dans une église bondée, sur la pointe des pieds, l'âme blanche, le surplis empesé*, p. 103).

La comparaison n'est, dans *Salut Galarneau !*, qu'un aspect parmi d'autres composantes d'un usage ludique du langage. On n'y compte pas les calembours : les enfants Galarneau sont *exclusifs comme de grands appartements* (p. 56), François, qui a des *mots de tête* (p. 140), s'amuse qu'un soleil cru puisse cuire (p. 73), et *l'éducation permanente* est pour lui une *éducation frisée* (p. 73). L'auteur ne crache pas non plus sur l'à-peu-près (François feint de croire que *La Bruyère* est un fromage, p. 130) et le mot-valise (p. 29, on peut reconnaître dans *Johnsage* les Johnson et Lesage, cités plus haut).

Les expressions convenues ou attendues sont subverties (on voit ainsi *le champ de lune du père Martin au clair du millet*, p. 62, et, p. 102, *ma Suédoise et son appartement chinois* se substitue à « ma Chinoise et son appartement suédois »). Et les expressions métaphoriques sont prises au pied de la lettre : *Si j'ai abandonné les études, c'est qu'elles ne me disaient plus rien. Elles ne me parlaient plus, elles étaient comme des statues dans une chapelle : le regard fixe* (p. 14). Les détournements peuvent même affecter les emprunts à l'anglais (*pas de listen-now-pray-later,* p. 34).

Le néologisme n'est pas rare (*m'autodafer,* p. 130), pas plus que les constructions originales (*le klaxon qu'ils égosillaient,* p. 150). L'invention touche même la graphie, particulièrement des québécismes ou anglicismes : *je m'ennuie en nostie* (p. 156), *craoudé* (p. 63 ; « crowded »), *farouest* (p. 156).

Le jeu de mots a certes pour première fonction, très générale, de rendre bien présent à la conscience l'objet du discours. Et il faut noter que chez Godbout ce sont souvent les thèmes centraux qui appellent le calembour. Mais, dans le cas précis de *Salut Galarneau !,* le jeu participe aussi à l'ambiguïté de l'esthétique kitsch : il signifie la liberté et la créativité qui sont celles de François et de sa communauté, en même temps qu'il indique les limites de cette liberté et de cette créativité.

Application

- Replacez *Salut Galarneau!* dans l'histoire de la langue d'écriture au Québec.

- Quelles sont les caractéristiques de la langue parlée en général ? Relevez dans un passage (exemple : p. 119, à partir de *Jacques dit que les Français…*), les caractéristiques qui pourraient relever de la langue parlée.

Un roman pop

La langue de *Salut Galarneau !* participe d'une écriture carnavalesque. Celle-ci convoque tous les registres — du plus haut au plus bas —, tous les discours — le publicitaire, le journalistique, le littéraire, le savant, le religieux, etc. —, et cela jusqu'aux styles le plus quotidiens. Ce mélange a pour première fonction de rendre palpables les signes du langage : et on a vu que pour François et tous les « vécrivains », écrire est une activité très matérielle. Mais il faut surtout penser à la fonction anthropologique du carnaval : il s'agit de mettre en scène l'inversion des valeurs, de mettre en bas ce qui était en haut et vice versa, de détruire l'ordre établi. Bref, d'être impertinent.

C'est que *Salut Galarneau !,* que nous avons décrit comme un roman du refus, appartient à un mouvement d'émergence de la contre-culture.

Nous avons dit plus haut que l'époque de *Salut Galarneau !* était celle de la contestation de l'art et de quelques-uns des concepts importants sur lesquels reposait la conception traditionnelle de l'art. Dans ce mouvement, on observe que des pratiques culturelles jusque-là illégitimes viennent sur le devant de la scène. Naît ainsi le pop art, qui vise à faire de l'art avec ce qui est populaire. C'est-à-dire de le construire à partir de ce qui ne se donne pas d'emblée comme artistique. (Le mot même, qui apparaît sous la plume d'un critique d'art britannique, dénonce la contradiction : car aux yeux de la bonne société, ce qui est populaire ne saurait être artistique.) Les techniques pop visent à la dérision : elles critiquent un art déconnecté du public et des réalités qui s'imposent quotidiennement à celui-ci (éloignement qui avait culminé avec l'art abstrait).

Le texte de Godbout, qui vise aussi — et a trouvé — un large public, opère le même genre de rupture. Si son premier roman, *L'Aquarium,* correspond à sa période « art abstrait », avec *Salut Galarneau!*, l'auteur prend au sérieux le programme qu'il annonçait dans *Le Couteau sur la table*, et nous offre un des premiers romans popartistes : si Roy Lichtenstein a pu faire des tableaux avec des vignettes de bande dessinée et Andy Warhol avec des boîtes de soupe Campbell, pourquoi ne rédigerait-on pas un texte à coup de publicités et de recettes de cuisine, et même de jeux de mots consternants ? Pourquoi, si le publicitaire est un artiste, un friturier ne le serait-il pas aussi ?

Les ruptures, dans le roman, ne sont donc pas seulement celles de la mort, de la dissolution des relations familiales. Il y a aussi celle du refus d'un monde esthétique fini.

Avec la contre-culture, il s'agit de contester non seulement les structures rigides de la société à travers son art — et c'est certes ce que l'on fait en critiquant l'éducation que donne cette société —, mais aussi l'art lui-même en tant qu'il signifie ces structures. Cet art, on le conteste toutefois avec les procédés mêmes de l'art, ce que fait l'écrivain Galarneau : c'est en étant artiste soi-même que l'on peut sans doute le mieux faire la nique à l'art. Et c'est ici qu'on comprendra le mieux la fonction de la numérotation des chapitres, qui composent le slogan AU ROI DU HOT DOG. C'est en effet le vulgaire hot dog — ce parangon de la culture populaire, « plat » voué à devenir l'élément essentiel de la « cuisine » de la société de consommation —, c'est ce vulgaire hot dog qui vient donner sa colonne vertébrale à une œuvre littéraire, celle que signe Jacques Godbout…

Avec la contre-culture, il s'agit donc de contester le rituel de l'œuvre, en lui opposant de nouveaux rites, ces rites dont nous avons vu l'importance. Il s'agit aussi de revendiquer la primauté de l'action — qui fait l'œuvre — sur l'œuvre achevée (d'où l'inclusion du « vivre » dans l'acte d'écrire) ; de faire porter l'accent sur l'énonciation, dynamique et chaude, au détriment de l'énoncé, statique et froid ; de dire la primauté de la production sur la consommation. Et de faire apparaître les forces à l'œuvre dans ce processus de production : des forces sociales plus qu'individuelles.

D'où le choix du style diariste, qui exprime bien le flou de la conscience, et qui multiplie les signes de l'énonciation : il permet de voir le discours s'élaborer sous nos yeux, le récit se construire peu à peu, qui autorise les transitions abruptes ou souples. Grâce au style diariste, le temps aussi se met en scène : celui du discours et celui de l'écriture s'entrelacent et se dénoncent l'un l'autre.

D'où encore l'ouverture du récit, qui peut sans cesse rebondir. Ouverture, rejet de l'achevé, signifiés par la pluralité des ruptures autant que par l'importance du thème du voyage.

D'où une langue voyageuse elle aussi, et une structure ouverte. L'une, qui manifeste en son sein la diversité et donc les conflits, et l'autre, qui fait voir que tout récit clôturé est un artifice, disent un devenir perpétuel, un inachèvement de la forme qui convient bien à la thématique de la formation.

D'où enfin un riche appareil de références, qui va jusqu'au bric-à-brac : cet appareil convoque à l'intérieur du texte toutes les voix qui se font entendre dans l'univers commun à l'auteur, aux lecteurs et aux protagonistes, et manifeste les forces sociales s'exerçant sur eux.

- En dépit des déboires qui surviennent à son héros, *Salut Galarneau!* est un roman optimiste : on peut en effet dire que c'est un roman de formation, tourné vers l'avenir, ainsi qu'un roman initiatique. Cette tension vers le devenir est bien exprimée par la thématique du voyage, très présente dans le texte.

- Toutefois, une formation est toujours faite de rejets et de ruptures. Parmi toutes les choses que François Galarneau est amené à rejeter, on retiendra surtout les idéologies de mort.

- Ce chemin, l'auteur nous le décrit à travers la vie de son héros. Mais décrit, il l'est par deux fois : l'écriture, qui devient la vocation de François, offre un miroir à sa destinée. Par elle, Galarneau tente en effet d'exprimer ses refus et ses espoirs, et son travail même — car c'est est un : l'auteur ne cesse d'insister sur les aspects matériels de l'écriture — donne une image de sa quête. Il tente d'élaborer une synthèse entre sa vie intime et sa vie sociale, de la même manière qu'il cherche à accorder l'écriture commerciale et l'écriture narcissique.

- Le chemin de cet équilibre n'a pas de fin : se reprendre en main soi-même sans perdre le contact avec les autres est un travail de chaque instant. C'est ce que semble signifier la structure du livre, qui suggère l'inachèvement et l'ouverture.

- Les grands réseaux thématiques du voyage et de l'écriture sont complétés par des symboles forts, comme celui du soleil. Ce symbole manifeste aussi l'ambivalence qu'on a rencontrée dans les autres réseaux thématiques : si Galarneau est un soleil, il ressemble aussi à un Pierrot lunaire, rêveur et mélancolique. Autour de ces astres, des galaxies, ces galaxies que voudront visiter les héros du *Temps des*

Galarneau. Salut Galarneau!, c'est aussi le roman de la collectivité. Et notamment de la collectivité québécoise.

- Le style choisi convient bien à cette thématique de la formation et de la collectivité. D'un côté, le discours diariste — avec ses découpages qui insistent sur le travail d'énonciation, son style direct, ses transitions abruptes ou fantaisistes — connote bien l'ouverture. De l'autre, le recours au style carnavalesque — avec ses collages, ses citations, ses multiples références à la culture populaire — fait que ce n'est plus Galarneau l'auteur du livre, mais toute la collectivité. Une collectivité appréhendée dans sa diversité et son dynamisme.

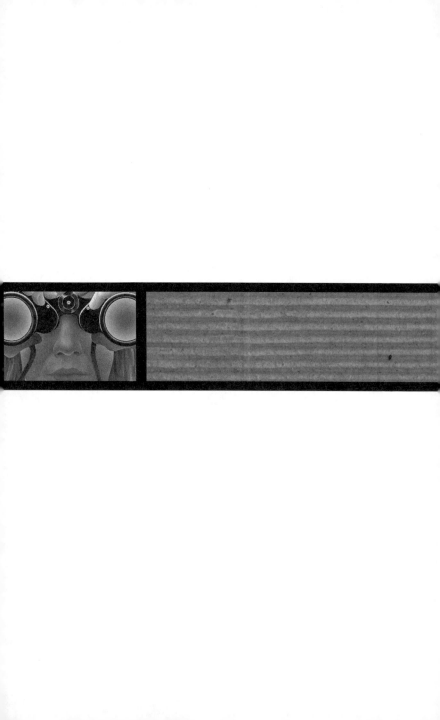

SYNTHÈSE

Troisième partie

Premier sujet

À l'aide du texte de *Salut Galarneau !* d'une part, des informations dont vous disposez sur la biographie de Jacques Godbout et des circonstances de la publication de l'œuvre d'autre part, répondez à la question que voici : connaître la vie d'un auteur nous aide-t-il à mieux comprendre son œuvre ?

Considérations générales

Tout un courant de l'histoire littéraire a tenté de chercher dans les œuvres les traces de l'univers dans lequel elle s'est élaborée. Dans cette conception un peu mécanique, les facteurs historiques produisent l'œuvre, et, en retour, l'œuvre les illustre.

Quand elle s'inscrit dans cette optique — ce qu'elle fait souvent —, la critique littéraire vise à mettre en relation le texte et ce que l'on sait de la vie de l'auteur.

Cette perspective historisante, ou biographiste, a eu un certain succès avec l'œuvre de Jacques Godbout. Au long de l'analyse, nous avons souvent eu l'occasion de souligner que la critique avait rapproché l'évolution de l'œuvre de celle du Québec, qu'il était possible de mettre en regard les romans et les positions laïques de l'auteur, sa théorie du texte national, son activité de publicitaire, ses positions politiques, etc.

Face à cette conception de l'histoire et de la critique littéraires, s'affirme une autre conception : celle de l'immanence. Dans la conception immanente, tout ce qui est nécessaire pour comprendre l'œuvre se trouve à l'intérieur de cette œuvre. Le recours à des éléments extérieurs à elle — biographie, histoire, etc. — est dès lors inutile.

Ces deux conceptions présentent chacune des facettes intéressantes.

La première a le tort de faire l'économie d'une lecture authentique de l'œuvre : elle dispense de répondre à des questions comme « comment ce texte est-il fait ? », « pourquoi suscite-t-il cet effet en moi ? » Elle a aussi celui de récuser le caractère littéraire de l'œuvre. Le texte n'est en effet que le simple point de départ, ou même le simple prétexte, d'une réflexion qui n'a rien de spécifiquement littéraire. À la limite, c'est un simple document.

La perspective immanente a le mérite d'attirer l'attention sur la facture de l'œuvre, et de rendre sensible à ses mécanismes proprement littéraires (voir la première partie, 4, et la deuxième partie, 2). Mais elle ferme l'œuvre sur elle-même, comme si des forces historiques et sociales ne s'exerçaient pas sur elle. Elle fait aussi semblant de croire que le lecteur est une sorte de pur esprit.

Suggestion de plan

I. Introduction

— Analyse de l'énoncé

— Considérations sur les concepts de « auteur » et de « œuvre »

II. Développement

a) Première partie

— Présentation de la perspective biographiste en critique littéraire. Illustrations à l'aide de *Salut Galarneau !*

— Présentation de la perspective immanente en critique littéraire. Illustrations à l'aide de *Salut Galarneau !*

b) Deuxième partie

— Avantages et inconvénients de la perspective biographiste

– en général

– dans le cas particulier de *Salut Galarneau!*

— Avantages et inconvénients de la perspective immanente

– en général

– dans le cas particulier de *Salut Galarneau!*

c) Troisième partie

Tentative d'évaluation du rapport des deux positions, dans le cas particulier de *Salut Galarneau!* Qu'est-ce qui, dans ce texte précis, nous pousserait à opter pour une perspective plutôt que pour une autre?

III. Conclusion

La conclusion peut résumer le raisonnement suivi, et en souligner les points forts. On peut y invoquer — éventuellement citations à l'appui — l'autorité de critiques et d'écrivains connus.

On peut aussi y nuancer ce qui précède, ou esquisser le traitement de questions annexes. Par exemple : la position défendue dans la troisième partie vaut-elle exactement pour les autres œuvres de Godbout? et pour la littérature contemporaine en général? Ce que l'on a dit de la littérature vaut-il exactement pour les autres arts? et pour les autres productions culturelles telles que l'architecture, l'urbanisme, l'habillement?

Deuxième sujet

Un écrivain belge, Michel de Ghelderode, a intitulé un de ses livres *La Flandre est un songe*. Ne peut-on dire que, pour Jacques Godbout, « le Québec est un songe »?

Premier sujet

Thème

L'écrivain portugais Miguel Torga a intitulé une de ses conférences « L'universel, c'est le local moins les murs ». Comment comprendre cette idée ? *Salut Galarneau !* l'illustre-t-elle ?

Nous avons vu à de multiples reprises que *Salut Galarneau !* était un roman fortement marqué par le Québec, au point qu'on peut le lire comme une parabole sur l'histoire de la société québécoise. Mais nous avons aussi vu (par exemple dans la deuxième partie) qu'il serait réducteur de suivre une partie de la critique, laquelle n'y voit *que* cette parabole. Le roman témoigne, par exemple, de préoccupations qui sont ou ont été celles de tous les Occidentaux dans les années soixante, ou d'aspirations qui sont celles des êtres humains de partout et de toujours : l'amour, la justice… Si *Salut Galarneau !* est un texte très « local », il tend donc aussi à l'universalité.

Les grandes œuvres artistiques sont d'ailleurs souvent celles qui partent d'un fait particulier pour lui donner une valeur universelle : Picasso, en peignant le martyre de la petite ville basque de Guernica rasée par l'aviation fasciste, nous parle de l'horreur de toute guerre ; Goya fait de même en peignant une fusillade sous Napoléon ; Joyce nous touche en nous racontant des histoires d'ivrognes irlandais…

Pistes

Le débat pourra s'amorcer avec une discussion sur les points suivants :

— Recherchez dans vos souvenirs d'autres œuvres (en littérature, en cinéma, en peinture, en bande dessinée) qui, partant d'un fait particulier, lui ont donné une valeur universelle. Discutez-en.

— *Salut Galarneau!* peut-il être mis sur le même pied que ces œuvres?

— Les arts transcendent-ils ou non les frontières? Cela a-t-il un sens de dire d'un artiste qu'il est américain, français ou québécois? Les réponses à ces questions peuvent-elles être différentes selon les arts dont il est question : littérature, peinture, cinéma?

— Qu'est-ce qu'une œuvre régionaliste? À certaines époques et dans certains contextes, une œuvre régionaliste ne peut-elle avoir une valeur universelle? On peut se servir, dans cette phase de la discussion, d'exemples précis, comme le « roman de la terre » québécois.

Deuxième sujet

On a souvent présenté l'écriture littéraire comme un rituel. C'est même le titre d'un essai de Claude Abastado, *Mythes et rituels de l'écriture* (Bruxelles, Complexe, 1979). Certains écrivains et critiques présentent ainsi l'exercice de la littérature comme une cérémonie mystérieuse, mélange de trucs pratiques et de phénomènes irrationnels.

L'exposé ou le débat pourra porter sur la question « pourquoi présenter l'écriture littéraire comme un rituel? » Le thème de l'écriture est, on l'a vu, central dans *Salut Galarneau!* (voir la deuxième partie, « Les thèmes et les motifs »), et la notion de rite y est très présente.

Voici deux lectures de *Salut Galarneau !,* par deux des observateurs de la littérature québécoise contemporaine.

Par la forme parataxique (propositions juxtaposées), par les reprises (« je veux dire », qui reviendra comme un leitmotiv dans la suite du roman), Godbout suggère la liberté, l'aisance, le bonheur du parlé. Il s'agit pour François Galarneau de « se dévicer le Canadien » (p. 27), de proposer librement sa différence, et de telle façon qu'elle soit perceptible, comme une qualité d'être, à tout ethnographe de bonne volonté.

Gilles Marcotte, « La faute de François-Thomas Godbout »,
dans *Le Roman à l'imparfait,* Montréal, La Presse, 1976, p. 160-161.

Ce qui fait de Galarneau un personnage merveilleux, c'est qu'au terme de ce processus, il a acquis une nouvelle maturité sans avoir perdu sa spontanéité, sa joie de vivre, sa verdeur originales, ce dont témoigne son écriture qui ne devient pas aseptisée, décolorée, désodorisée mais garde toute la vigueur et la verdeur du langage parlé populaire (dont elle est une savoureuse transcription). La fin du récit, phénomène peu courant dans notre littérature, montre tout à la fois un écrivain et un homme heureux incarnant, au niveau individuel, le bonheur éprouvé par un peuple ayant trouvé des raisons de vivre et de lutter.

Jacques Pelletier, *Lecture politique du roman québécois contemporain,*
Montréal, Services des publications de l'université du Québec à Montréal,
coll. « Les Cahiers du département d'études littéraires », n° 1, 1984, p. 152.

Le soleil : le meilleur conseiller

Dans l'œuvre fondatrice de la littérature belge, *La Légende d'Ulenspiegel* (1867), le personnage central incarne la vitalité et la gaieté du peuple, ainsi que sa soif de justice et sa révolte. L'auteur le fait naître sous le signe du soleil, qui sera aussi celui de Galarneau.

À Damme, en Flandre, quand mai ouvrait leurs fleurs aux aubépines, naquit Ulenspiegel, fils de Claes.

Une commère sage-femme et nommée Katheline l'enveloppa de langes chauds et, lui ayant regardé la tête, y montra une peau.

— Coiffé, né sous une bonne étoile ! dit-elle joyeusement.

Mais bientôt se lamentant et désignant un petit point noir sur l'épaule de l'enfant :

— Hélas ! pleura-t-elle, c'est la noire marque du doigt du diable.

— Monsieur Satan, reprit Claes, s'est donc levé de bien bonne heure, qu'il a déjà eu le temps de marquer mon fils ?

— Il n'était pas couché, dit Katheline, car voici seulement Chanteclair qui éveille ses poules.

Et elle sortit, mettant l'enfant dans les bras de Claes.

Puis l'aube creva les nuages nocturnes, les hirondelles rasèrent en criant les prairies, et le soleil montra pourpre à l'horizon sa face éblouissante.

Claes ouvrit la fenêtre, et parlant à Ulenspiegel :

— Fils coiffé, dit-il, voici Monseigneur du Soleil qui vient saluer la terre de Flandre. Regarde-le quand tu le pourras, et, quand plus tard tu seras empêtré en quelque doute, ne sachant ce qu'il faut faire pour agir bien, demande-lui conseil ; il est clair et chaud : sois sincère comme il est clair, et bon comme il est chaud.

— Claes, mon homme, dit Soetkin, tu prêches un sourd ; viens boire, mon fils.

Et la mère offrit au nouveau-né ses beaux flacons de nature.

Charles De Coster, *La Légende d'Ulenspiegel,* chapitre I, Bruxelles, Labor, coll. « Espace Nord », 1996.

5 BIBLIOGRAPHIE

Trois ouvrages sont consacrés à Godbout romancier, à côté de nombreux travaux universitaires encore inédits ; ces ouvrages contiennent des filmographies et des bibliographies, et notamment les références des publications de Godbout en revues. Ce sont :

André Smith, *L'Univers romanesque de Jacques Godbout*, Montréal, Éditions Aquila limitée, 1976, coll. « Figures du Québec ».

Yvon Bellemare, *Jacques Godbout, romancier*, Montréal, Parti pris, 1984.

Hilligje Van 't Land, *La Fonction idéologique de l'espace et de l'écriture dans les romans de Jacques Godbout*, Université de Groeningen, 1994.

On trouvera une bibliographie très détaillée relative à *Salut Galarneau !* dans le *Dictionnaire des œuvres littéraires du Québec, 1960-1969*, Montréal, Fides, 1984, t. IV, p. 797-798. Sur la réception du roman, voir Aurélien Boivin, *Pour une lecture du roman québécois*, Nuit blanche, 1996, p. 220-223.

La Bibliothèque du séminaire de Sherbrooke a publié deux dossiers de presse sur *Jacques Godbout, écrivain-cinéaste* (1981 et 1986).

Table des matières

Première partie. Accès à l'œuvre

Deuxième partie. Étude de l'œuvre

Troisième partie. Synthèse

MISE EN PAGES ET TYPOGRAPHIE :
LES ÉDITIONS DU BORÉAL

ACHEVÉ D'IMPRIMER EN SEPTEMBRE 1997
SUR LES PRESSES DE L'IMPRIMERIE AGMV MARQUIS,
À CAP-SAINT-IGNACE (QUÉBEC).